图解 **精益制造** *080*

挤进高利润
医疗器械制造业

医療×ものづくり　医療機器への挑戦

日本日经制造编辑部 著

段宏芳 译

人民东方出版传媒
People's Oriental Publishing & Media
东方出版社
The Oriental Press

目录

contents

序 医疗现场需求高涨，制造型企业发展迎来新机遇 …………… 1

第一章 医疗器械是如何制造出来的？ … 001

01 两个不容忽视的问题 ……………… 003

02 三菱化学：日常行动分析服务
（步行分析）……………………… 011

03 松下健康医疗保健公司：高品质义齿
（基座加工）……………………… 025

04 山科精器：便捷吸引器头和冲洗
   吸引导管 ………………………… 040
05 朝仓染布：能一键式安装的心电仪
   专用电极布 ……………………… 053
06 牛尾电机：副作用较小的紫外线
   治疗仪 …………………………… 062
07 医疗器械制造的 8 个要点 ……… 076

第二章 制造+医疗：制造业活跃于医疗领域的策略 ………………… 091

01 医疗+制造=新价值 ……………… 093
02 Cross Effect 公司：心脏模型+3D 打印 … 107
03 二九精密机械工业：腹腔镜手术
   器械+钛加工 …………………… 122
04 Techno Science 公司：人工呼吸器+
   测量/防御 ………………………… 130
05 Syntec 公司：骨折修复用缆线+
   电线加工 ………………………… 138

06　医疗加工技术动向 ·············· 149

第三章　制造业在医疗领域的发展方向
·············· 169

01　发挥制售企业优势，顺利进入医疗器械领域 ·············· 171

02　校园风投公司开发的内窥镜手术机器人 ·············· 179

03　医疗材料应用实例 ·············· 183

序

医疗现场需求高涨,制造型企业发展迎来新机遇

"我希望制造商能把技术应用到我们临床医疗领域。"日本国家癌症研究中心东院结肠外科主任、内窥镜设备开发部主任伊藤雅昭说道。

该评论是在2014年7月11日在日本东葛科技广场（千叶县柏市）举行的"C-square EXPO"活动上发表的（图1）。该活动由领跑全国癌症研究的日本国家癌症研究中心（National Cancer Research Center）举办，旨在与制造商合作，促进新医学技术的发展。伊藤雅昭站在医生的立场呼吁："仅靠医生来

图1 医疗界人士向制造商发布技术需求

2014年7月11日举行的"C-square EXPO"活动实况。

治愈癌症的时代已经结束,希望我们能结合各种思路、各种技术,探索出全新的癌症治疗方法。"

▶提出特定的临床需求

伊藤雅昭举了一些具体的例子来说明临床医生的需求,希望能与制造商共同进行开发。例如,能像资深外科医生一样进行手术操作导航的系统、无限接近人手功能的外科手术设备、能瞬间冷却止血的装置、能检测到危险并通过语音及时发出通知的系统、永不疲倦的外科手术持续装置等。

此外,国立癌症研究中心东医院胃外科主任、内窥镜开发部的木下敬弘表示,他们需要的是一种用于腹腔镜手术的器械——"套管针(Trocar)"。套管针是一种起着管道作用的仪器,在手术过程中,当医生需要把医用钳等医疗用具插入患者体内时,需要用它来打开通道。木下敬弘指出:"现有的套管针固定性不强,导致医用钳经常晃动,降低了手术质量。因此,我们希望开发出一种成本较低又不会随意晃动的套管针。"

▶从模具制造商到医生

诸如此类的需求并不鲜见。近年来,坊间经常可见人们对于新医疗技术开发的热情态度。上文中,医生们积极地提出医疗器械的需求就是很好的例子。在2014年6月举行的第89届医疗器械学会上,学会会长、新潟大学医疗口腔科综合医院外科教授堀田哲夫说:"医务人员应保持更高的热情,为医疗器械的发展作出贡献。"他的发言,鼓舞了在场的每一位医务人员。

而能够对医疗领域的热情需求的,正是制造商。例如,伊藤雅昭提出过一个临床需求,而这个开发工作是由专门从事模具设计和制造业务的SOLIZE公司（总部位于东京）和东京女子医科大学先进工学外科教授村垣善浩联合进行的。该公司计划将其擅长的可视化模具分析制造经验及技术引入医疗领域。

这仅仅是其中的一例。然而，医疗器械领域对制造商的希望远不止于此，他们希望制造商能为他们提供更多的技术支持。

第一章

医疗器械是如何制造出来的？

未来，医疗器械的市场规模将逐渐扩大，销售将日趋稳定，也将有越来越多的公司开始发展与医疗器械有关的业务。与此同时，医疗行业也对新加入者持欢迎态度，期待其能带来新技术，解决他们的难题。

但新加入者进入市场时发现，有一层壁垒横亘在他们面前，即工程师无法充分理解医疗器械使用者（医务人员）的具体要求。无论客户如何描述期待中的医疗器械的样子，工程师也无法将他们的需求转换成工学概念，因为工程师并不了解医疗领域。

为了打破壁垒，工程师们只能努力克服障碍。本章将介绍一些具体事例，来展现工程师们是如何聆听、理解需求并用技术予以实现的。

01　两个不容忽视的问题

当山科精器公司（总部位于滋贺县栗东市）总裁兼首席执行官大日常男说出想要进军医疗器械领域的想法时，医疗业务部代理部长保坂诚曾不由得问："社长，您是认真的吗？"

山科精器是一家主要从事机床和热交换器生产的中型企业。该企业曾计划在2011年秋开始量产该公司的首台医疗器械。但是，2004年决定进军医疗器械领域时，这家企业还与医疗器械领域毫无交集。保坂诚受命在完全不熟悉的领域拓展新的事业。

为此，他必须先了解医疗行业。一开始，保坂诚每天都在立命馆大学的一个单间里独自思考:"到底做点什么好呢?"后来他参加了由滋贺县主办的产官学合作组织——"滋贺医工协作制造网络"。

保坂诚是因为对汽车和机床感兴趣而成为技术员的,而医疗器械并不是他感兴趣的对象。他对医疗行业印象不佳,也曾直接向大日常男抱怨过。

但是,自从保坂诚参加"纳米医学融合教育小组"——与上文提到的产官学合作组织类似的、由京都大学面向公众开设的医工合作课程——他的意识就发生了很大的变化。

在听讲座和练习的过程中,面对真正的医生,他了解到医生们的烦恼,对医疗行业的偏见也渐渐消除了。他说:"一旦进入医学的世界,我对医疗行业的心理抵触就自然而然地消失了。"此外,他还坚信通过工程技术能够解决医疗行业目前所面临的一些难题。

▶常识和经验行不通

随着社会对预防医学、微创治疗和老龄化医疗等医疗服务需求的多样化发展，医疗器械的市场规模也将越来越大。在经济形势瞬息万变的当下，许多企业都渴望能够进入需求稳定的医疗器械领域。"将来尝试进入医疗器械领域的公司肯定会越来越多。"桐荫横滨大学医学工程系研究员、牛尾电机事业本部第三事业部光学系统单元BU事业部总经理木村诚说道。未来，将会逐渐涌现一批像山科精器的保坂诚一样负责开发医疗器械的工程师。

当然，初次从事医疗器械开发工作的技术人员，应该会面临与保坂诚同样的困惑——在对医疗领域一无所知的情况下，开发什么样的医疗器械才好呢？答案是：多倾听医疗器械使用者（医务人员）的心声，尽最大努力开发出符合其要求的产品。

当然，准确把握医务人员的需求并不容易。保坂诚说："医务人员未必精通工程学，因此我们必须自行决定技术规格。"客户的需求一般都不太明确，技术人员通常只能根据一些不太明确但具有定性性质的需求去思考、梳理，进而确定所需规格。对他们而言，收到多个相互冲突的需求更是家常便饭。

面向一般消费者生产的产品和面向一般产业生产的产品其实也会存在同样的问题。但是在这些领域，依靠常识和技术人员自身的经验是可以弥补上述不确定性的。而在医疗器械领域，这些常识和经验就行不通了（图1-1，图1-2）。由于缺乏对医疗器械的实际用途和治疗场景的了解，技术人员往往很难将医务人员那不甚明确的要求落实到技术规格上。负责医疗器械开发支持的 Qualys Innova 公司代表木村浩实指出："不了解医疗器械工作现场的技术人员是无法开发医疗器械的。"

图 1-1 面向一般行业或一般消费者开发产品

即使客户的要求不够明确,也可以通过常识和技术人员本人的经验加以补充。

图 1-2 开发医疗器械

技术人员必须亲临现场,以清楚掌握医务人员的需求。

此外，日本在医疗事务申请①和临床试验②等方面建有一些特殊的制度。同时，对于尚处在开发阶段的医疗器械，其规格和功能的更改是受到诸多限制的。因此，与面向一般产业生产的产品相比，医疗器械的制造更需要在开发之前就了解清楚客户的要求并将其纳入技术规格体系。

▶判断合格与否的标准并不明确

想要开发出符合使用者要求的医疗器械，技术人员必须亲临医疗现场，不断填补客户要求和技术规格之间存在的"空白"。技术人员必须带着各种各样的样品来到医疗现场，直接听取医务人员的评价，将客户能接受的技术规格高精度地呈现出来。

---

① 医疗事务申请：在医疗器械方面获得国家认可的申请。受日本《药事法》的约束。

② 临床试验：检验医疗器械的有效性和安全性的试验。其中，以医疗器械制造申请为目的的临床试验被称为"治验"。

自 2010 年开始从事人造义齿业务以来，松下健康医疗器械公司（总部位于爱媛县东温市）一直在进行这方面的努力。该公司以前一直从事血糖仪和超声波诊断设备的生产，在医疗器械生产方面有着丰富的经验。但即便如此，该公司铣削中心主任中野正彦仍然感叹人造义齿业务"与现有的医疗器械业务属于两个完全不同的领域"。

其最困难的地方在于判断合格与否的标准并不明确。此项业务需要该公司以牙科技师制作的人造义齿的 3D 模型为基础，加工出基本"框架"后再交还给牙科技工所。但并不是按照 3D 模型一模一样地加工出来就算完成任务，因为"是否合格取决于牙科技师的判断"。

因此，该公司一般会制作出大量的样品，邀请牙科技师和最终安装者——牙医来进行评估，并根据评估结果确立质量标准。此外，公司内部也聘请了多名牙科技师，构建了满足客户需求的系统。

综上，即使是拥有医疗器械制造经验的公司，在进入牙科行业这一新业务领域时，尚要面临如此艰难的探索，那些初次踏入这个领域的企业，恐怕会面临更为坚固的壁垒。但是，一旦他们克服了这些困难，就能够利用制造业的技术来满足医疗行业的一些具体需求。

02　三菱化学：日常行动分析服务（步行分析）

——从医生角度看测量数据

三菱化学（总部位于东京）开发的"守护之门"是一种针对患者的步行状况进行记录和分析的服务项目，主要服务范围包括记录和分析患者的步行周期、步行强度等。该项服务组合使用步态分析仪"Gate 君"和分析软件"Gate View"两种装置（图 1-3）。医生通过步态分析仪记录患者的步行情况后，可以委托三菱化学进行分析，也可以自行使用软件进行分析（图 1-4）。

▶ 在医生的注视下行走

步态分析仪配有 3 轴加速度传感器。病人只需将其安装在专用皮带上,之后再将其固定于腰部即可。患者步行过程中踢蹬地面或脚部着地时,地面受到脚部的力量会产生反作用力,而当反作用力通过下肢传递到腰部时,就会被加速度传感器捕捉并记录下来。通过分析这些数据,人们可以获得各种信息,如步行周期、足部力量和身体平衡度等。

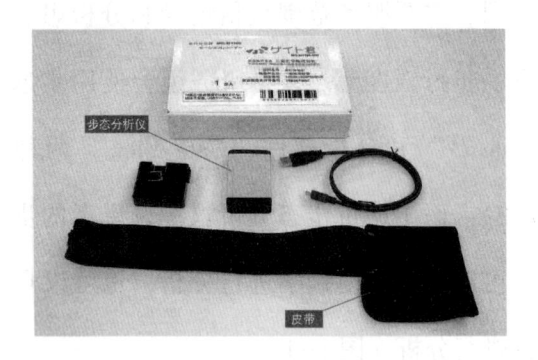

图 1-3　全套"守护之门"测量装置

只需将步态分析仪安装在皮带上,然后将皮带固定在患者身上即可。对步态分析仪测得的加速度数据进行分析后,其结果可用于疾病的诊断和治疗。

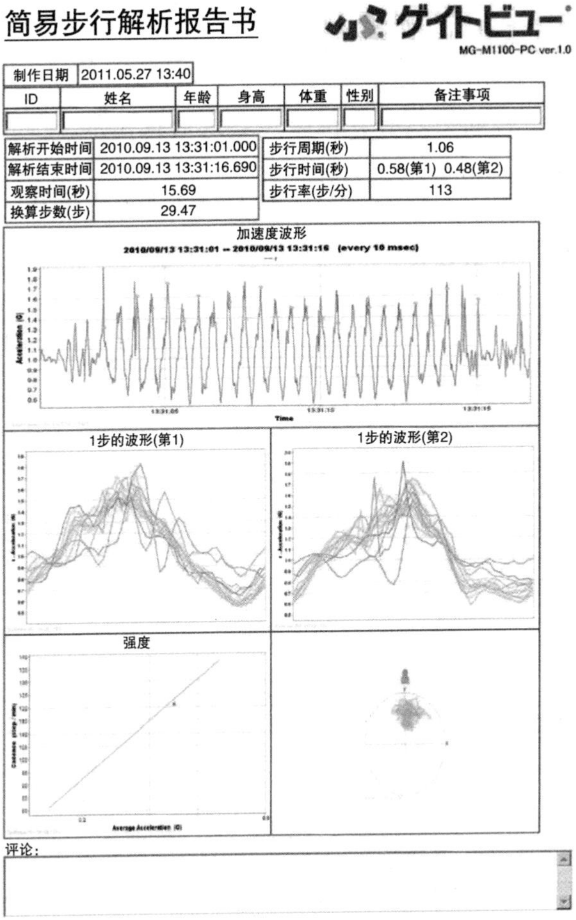

图 1-4　基于分析软件制作的报告书

该报告书除了可以显示测得的加速度数据之外，还可以显示医生需要的其他数据和图表。

这项服务出现之前，医生只能通过现场查看的方式判断患者的步行状态。此方式存在两个问题：一是该判断虽然是在医生观察之后得出的，但仍属于主观判断；二是患者在医生的注视下可能走不出平时的步态效果。

因此，医生们希望开发出一种能够在不让患者意识到医生视线的情况下定量测量出各种步行信息的设备。而三菱化学的"守护之门"刚好可以满足这个要求。

▶从大量数据中寻找规律

2009年10月，三菱化学首次推出"守护之门"，并在神经学学会上展示了该系统，引起了医生们的极大反响。医生们纷纷表示愿意立即试用该系统，但他们更希望三菱化学能将"守护之门"制作成一种用于医疗诊断的"医疗器械"。而当时"守护之门"尚未获得医疗器械的制造许可,三菱化学便以此为契机,开始积极申请制造许可,最终于2011年5月获批。

该公司的控股公司——三菱化学控股集团旗下拥有多家从事医疗业务的子公司,如田边三菱制药等。整个集团都在广泛地拓展医疗领域的业务,但基本上以材料和药品业务为主。对于三菱化学而言,开拓"守护之门"之类的医疗器械业务尚属首次。

目前,"守护之门"主要用于对帕金森病患者的诊断与治疗。帕金森病是一种脑部神经系统疾病,它会导致肌肉震颤或肌肉僵硬,进而影响患者的步态和身体平衡。以往,医生通常根据患者的步态和患者自身的描述来判断疾病,以及疾病发展的程度。但如上文所述,如此诊断有可能造成医生的误诊,因此医生们普遍希望开发出一种能用定量指标进行判断的医疗器械。

然而,想要从加速度数据中分析出帕金森病患者的步行模式是非常困难的。健康人群在正常行走时，加速度值会随着步行周期发生变化，因此只要观察加速度数值，就可以一目了然地看出其处在哪种步行周期下（图1-5）。但是，由于帕金森病患者身体总是在发生抖动（医学上称之为"震颤"），且步行时运动强度也不及健康的人，这就使得步行之外的动作过多，步行周期被掩盖在诸多动作当中，不太容易被识别出来。此外，健康人群具有恒定的步行周期，而帕金森病患者的步行周期经常会发生变化。

既然步行是人不停重复相同动作而形成的，那么加速度数据也应该有一定的规律性。为了找出其中的规律，三菱化学充分利用了其原有的一项技术，即被称为"模式匹配法"的数据分析方法（图1-6）。

模式匹配法可以从无规律的庞杂数据堆中提取到多次出现的特定模式。将此特定模式放入加速度数据中并排除掉与步行无关的干扰数据，便可以分离出步行周期。

第一章
医疗器械是如何制造出来的？ 〉017

图 1-5 帕金森患者步态分析

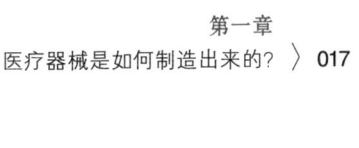

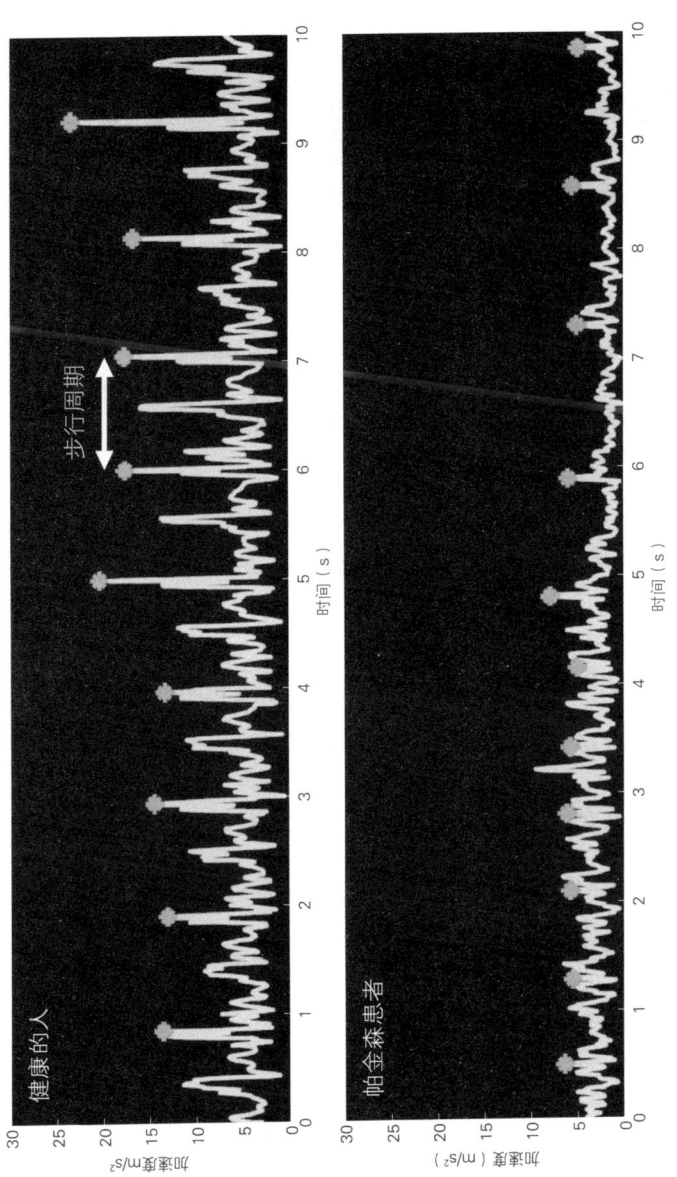

根据加速度数据，健康的人的步行周期（上图）较为明显，而帕金森病患者的步行幅度（下图）较小，仅通过观察加速度数据无法解读出患者的步行周期。

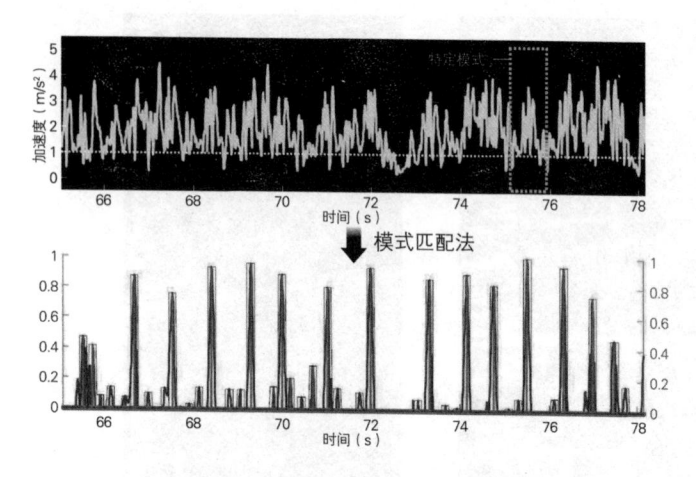

图1-6 使用模式匹配法进行步态分析

从看起来无规律的加速度数据中提取特定模式并分离出步行周期。

三菱化学曾用模式匹配法进行过液相色谱分析。三菱化学科学技术研究中心(总部位于横滨市)研发部基础技术研究所的米山满说:"在化学领域,我们经常接触与非线性现象有关的业务。我们充分利用原有技术并加以改进后,就形成了这一新技术。"

▶曾采用当时的流行技术却以失败告终

最先发现"守护之门"能用于帕金森病患者的诊断及治疗的，不是三菱化学，而是东京医科大学医学教育学部的三苫博教授。

三菱化学曾致力于一项用加速度数据来判断牛是否得了疯牛病（牛海绵状脑病）的研究。他们认为，疯牛病和帕金森病一样，会对行走产生影响，所以通过分析加速度数据可以判断其是否发病。了解了这项研究后，三苫博向三菱化学提议将其应用于帕金森病的治疗和诊断。

实际上，三菱化学在1997年的时候就准备开发一款类似于"守护之门"的步态分析仪，但当时却以失败告终了。虽然模式匹配法所代表的分析技术本身是无可挑剔的，但问题是该公司当时的技术人员只致力于开发个人感兴趣的功能，而没有听取产品使用方——医务人员的需求。当时，"1/f波动"

和"分形"等复杂概念很流行,因此他们向神经外科医生提出了基于这些概念来分析步态的想法。(图1-7)。

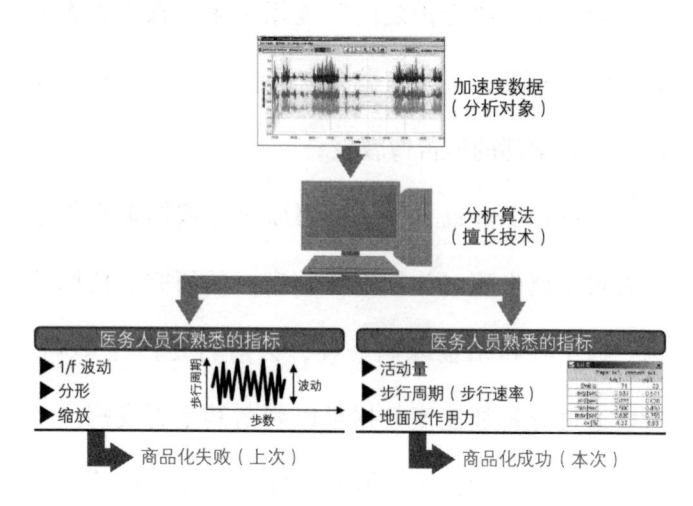

图1-7 失败与成功的分岔路

在以往的研发中,三菱化学的技术人员采用的是个人感兴趣的"1/f波动"等临床医务人员并不熟悉的指标,因而不被医务人员所接受。而本次研发,技术人员有针对性地对其适用范围进行了细致的调查,采用了医生需求的指标来进行设计。

但是,上述这些概念显然并不适用于治疗和诊断。即使他们向医生提议,也只会让医生感到困惑。因为"虽然技术人员觉得这些概念很有趣,但医生并不知道它对诊断、治疗有什么帮助,所以不会选择使用"(三菱化学科学技术研究中心米山满)。于是,2000年三菱化学放弃了将这一技术商品化的想法。

▶广泛征求意见

基于这次失败的经验,三菱化学决定在"守护之门"的定量指标中采用一些治疗和诊断领域熟悉的概念,如"活动量"和"步行周期"等。同时,该公司还决定将"能精确地进行分析"这一点作为前提条件来进行医疗器械的开发(图1-8)。

而最重要的是,此次东京医科大学三苫博教授为了提高产品的可用性,对用户的需求进行了全面总结。例如,他关注到了医生需要这款产品能够进行持续多天的测量及记录。严重的帕金森病患者的运动症状在1天之内的波动很大、时好时坏(24小

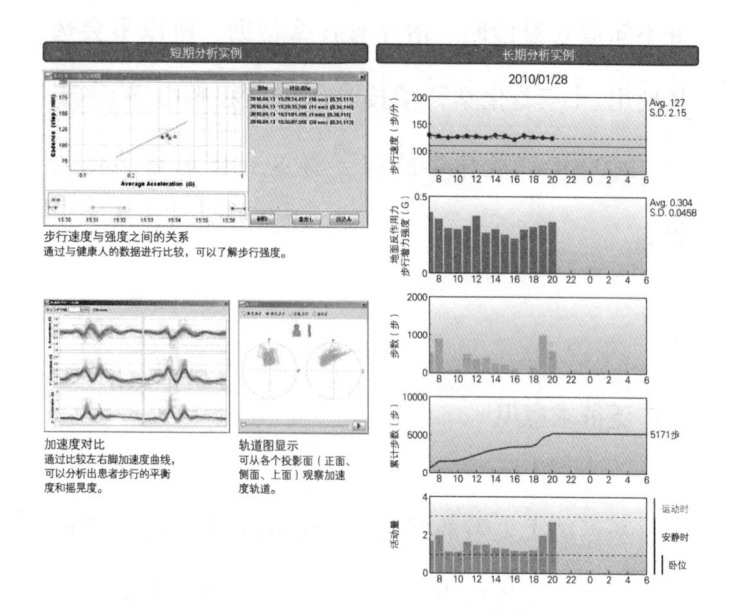

图 1-8　基于医生需求所设计的功能

　　既可以进行短期分析，也可以进行长期分析。短期分析可以只分析几分钟的数据，而长期分析可以观察患者 24 小时的情况。从加速度数据即可获得患者的各项指标，为诊断和治疗提供依据。

时内的波动），药物效果有时候也不明显。如果可以掌握此类患者的波动规律，就可以根据其规律有效地供给药物。他认为，"守护之门"不失为了解该规律的一种好方法。

　　但是，医务人员还要求这款产品尽量不要干扰患者的日常生活。为此，他们将步态分析仪设计得十分轻便小巧，同时还设计了皮带将其固定在腰间，以便患者在任何姿势下都不影响测量。此外，皮带选用的是不会引起皮肤不适的材料，有利于长时间佩戴、测量。

还有一些医生希望能定量地掌握药物的效果。在没有这款步态分析仪之前，医生不能实时追踪患者服用药物之后的具体效果，因此对于不同药物的对症性及药效掌握得并不清楚。

为此，三苫博教授开发了一种算法，可以定量分析患者的活动量和步行强度，还可以按照时间顺序显示给药后患者各项指标的变化数据，便于医生进行分析。

目前，三苫博教授与神经内科的医生成立了"SEARCH GAIT 研究小组"，专门讨论如何使用"守护之门"来进行诊断和治疗。而未来，该小组还将研究如何改进现有功能、开发新功能。

▶进军海外

三菱化学开发"守护之门"之初,是想将其应用于帕金森病患者的诊断和治疗。后来,不少医院的神经内科和康复科患者也逐渐开始采用了。最近,甚至还有整形外科的人前来咨询是否可以将"守护之门"用于诊断骨科患者的步行障碍。由此可见,"守护之门"用途之广泛,远远超出了当时的设想。

03 松下健康医疗保健公司：高品质义齿（基座加工）

——新材料作用下的产品设计

松下健康医疗保健公司（总部位于爱媛县东温市）现已进军牙科行业的义齿领域。到目前为止，松下已生产了大量的医疗器械，但进军牙科领域还是第一次。尽管有着丰富的医疗器械制造经验，但对于该公司来说，牙科行业可谓是一个全新的世界。

义齿是一种用于补充真牙功能缺陷的医疗设备。义齿种类很多，该公司主攻的是陶瓷义齿。其特点是能够真实再现天然牙齿的形状和颜色，当真牙的冠部缺失但根部仍在时，可用此类义齿来填补。

此类义齿，我们称之为"牙冠"或"牙桥"，市面上最常见的牙冠和牙桥一般都是用金属制成的。由于日本公共医疗保险（健康保险）能够报销这笔费用，因此此类金属义齿的市场需求很大。但金属义齿存在两个问题：一是对金属过敏的人不能佩戴；二是佩戴前必须将真牙进行打磨，直至磨到没有问题的部位。

陶瓷义齿则不存在上述问题。佩戴陶瓷义齿前只需要磨除极少部分真牙，而且对金属过敏的人完全可以佩戴。此外，陶瓷义齿外观类似于真牙，十分美观。因此，陶瓷义齿价格非常昂贵，每颗15万日元左右，主要面向注重安全、微创和美观的人群。佩戴陶瓷义齿前不需要大量打磨真牙，能减轻牙医的负担，因此牙医也乐于推荐。

▶ 兼具强度和韧性

陶瓷义齿的订购流程如下：牙科诊所先向牙科

技工所订购，然后由牙科技工所根据牙科诊所的需求向加工厂订购基座（图1-9，图1-10）。而松下负责的环节正是基座加工。在加工厂做好基座之后，牙科技工所便会在基座上上釉，也就是将"乳白釉质"和"牙体"之类相对较软的材料涂制在基座上并进行修整，制成与真牙外观类似的成品，交付给牙科诊所。

市面上加工陶瓷基座的公司很多，在这个领域，松下只是后起之秀。尽管如此，松下还是决定进军这个领域，因为它对自己研发的材料充满信心。

市面上一般采用氧化锆（ZrO_2）系列材料制作陶瓷基座。主流材料为氧化钇稳定四方氧化锆多晶体（Y-TZP）。Y-TZP性能较为稳定，原因是其成分中含有氧化钇（Y_2O_3）。而松下采用的材料是氧化铈稳定四方氧化锆多晶/氧化铝（Ce-TZP/Al_2O_3）。其制作工艺是先将氧化锆和铈进行反应，待其稳定后再和氧化铝（Al_2O_3）组成Ce-TZP/Al_2O_3。

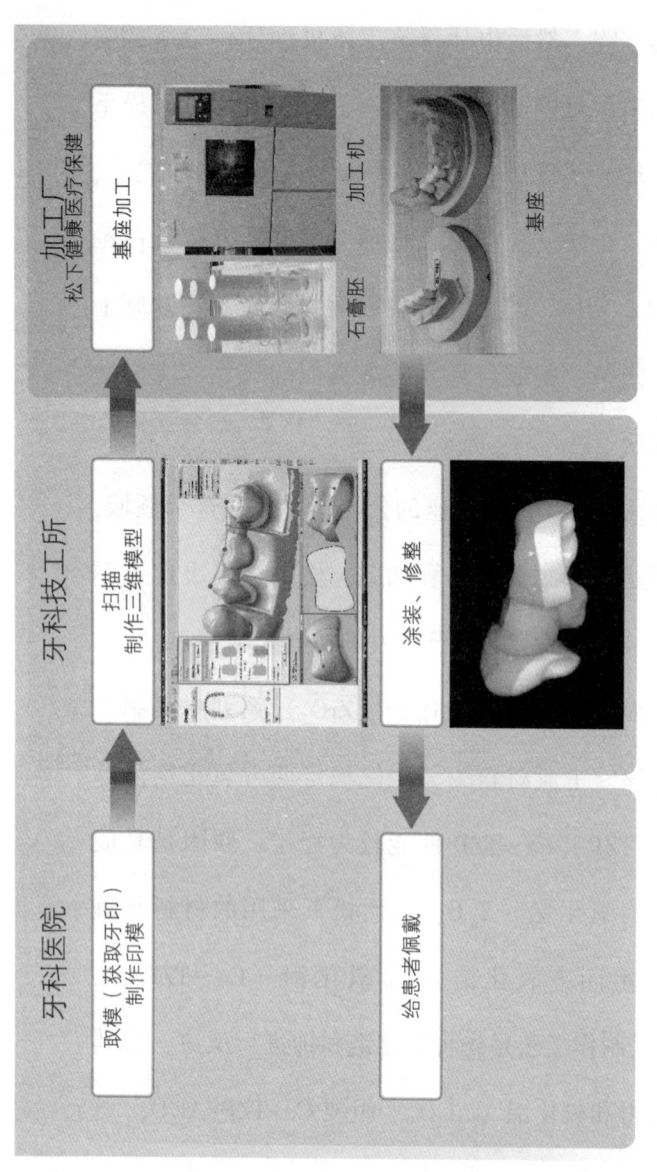

图 1-9 人造义齿的业务流程

先由牙科诊所对患者进行牙齿取模后制作出印模,再由牙科技工所根据该印模创建人造义齿的三维模型,交付给加工厂加工成基座。加工厂加工完基座后,将其交给牙科技工所。牙科技工所对基座进行上釉作业后,将完成的人造义齿交付给牙科诊所,由牙医给患者佩戴上。

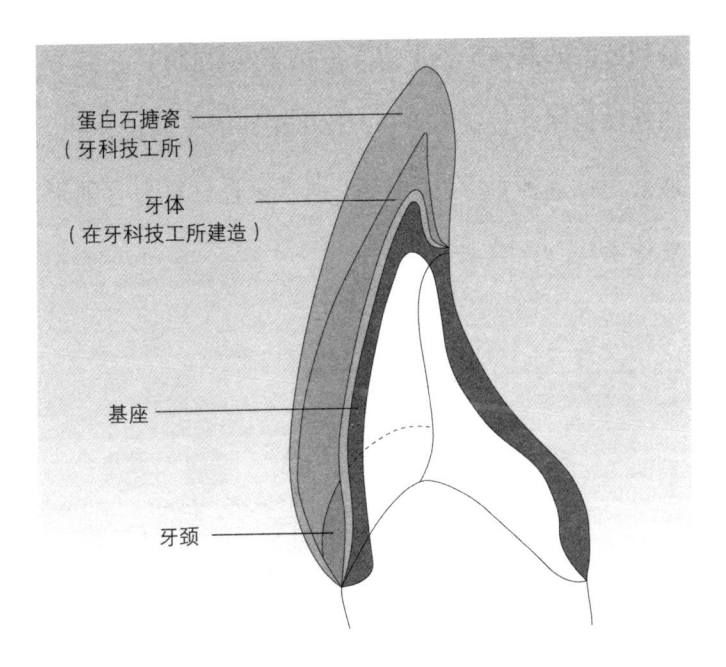

图1-10 人造义齿的截面图

它由一个与天然牙齿接触的基座以及构成外观的蛋白石搪瓷和牙体组成。

与 Y-TZP 相比，Ce-TZP/Al_2O_3 的优点在于其拥有更高的断裂韧性值，不容易产生裂纹（图1-11）。但是，Ce-TZP/Al_2O_3 的弯曲强度低，因此在承受较大的压力时可能会发生变形。为此，该公司将 Ce-TZP 和 Al_2O_3 的纳米颗粒（尺寸为纳米级的颗粒）混合到彼此的晶体中，形成了"纳米复合材料"，其弯曲强度也因此提高到与 Y-TZP 相同或更高的水平。该公司称这种 Ce-TZP/Al$_2$O$_3$ 纳米复合材料为"纳米氧化锆"。

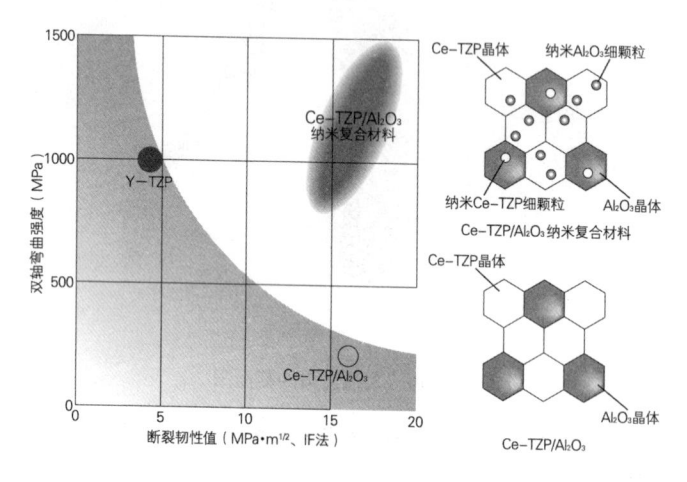

图 1-11　纳米氧化锆的优势

比起普通基座用的 Y-TZP 材料，纳米氧化锆的双轴弯曲强度相同或略高，且其断裂韧性表现得更为优异。

▶能否创造出新的价值？

一开始，纳米氧化锆并不是为了制作人造义齿而开发的。它原本是松下集团旗下的松下电工公司与大阪大学合作开发出的一种新材料,主要用在面向海外市场销售的理发器的刀片上(图1-12)。但2002年之后,此用途便一直处于休眠状态。

图1-12 用纳米氧化锆制作的理发器刀片

松下电工公司曾将采用纳米氧化锆刀片的理发器销往海外(目前,该产品已不再销售)。

直到近几年,用Y-TZP材料制造的人造义齿引起了人们的广泛关注,松下才开始思考是否可以用纳米氧化锆材料制造出更好的人造义齿。这一点也正是松下尝试进入人造义齿制造领域的契机。但是，仅凭良好的物理性能并不能满足牙医和牙科技师的诉求。因为对于牙医来说，不易碎是最基本的条件。因此，松下必须思考如何发挥该材料不易断裂的特性，创造出真正的价值，来满足牙医和牙科技师的要求。

于是，松下决定首先与多位牙医和牙科技师签订咨询合同，以确定牙科行业对人造义齿的需求和当前亟待解决的问题。这一步是为了确定该行业是否尚有发展空间。咨询结果表明，如果能够发挥纳米氧化锆弯曲强度高、断裂韧性好的优点，设计出更薄的基座，那么对于牙医和牙科技师来说，该材料就比 Y-TZP 更具吸引力。

无论是 Y-TZP 还是纳米氧化锆，最终制成的人造义齿的大小都是一样的。换个角度来看，基座越薄，给牙体和软陶瓷材料（如乳白釉质）留下的空间越大，就更便于牙科技师操作，雕琢出来的人造义齿也会更加美观。如此一来，牙医就可以在推荐产品的时候告诉患者，此款产品价值更高一筹。

具体来说，用 Y-TZP 材料制作的基座，厚度至少要保证在 0.5mm~0.6mm，才能确保其强度。而纳米氧化锆因其出色的强度性能，可以将基座做到 0.3mm 的厚度。如此一来，便给人造义齿的整体设计和上釉工作留出了更多的空间，技师们操作起来也更加容易（图 1-13）。

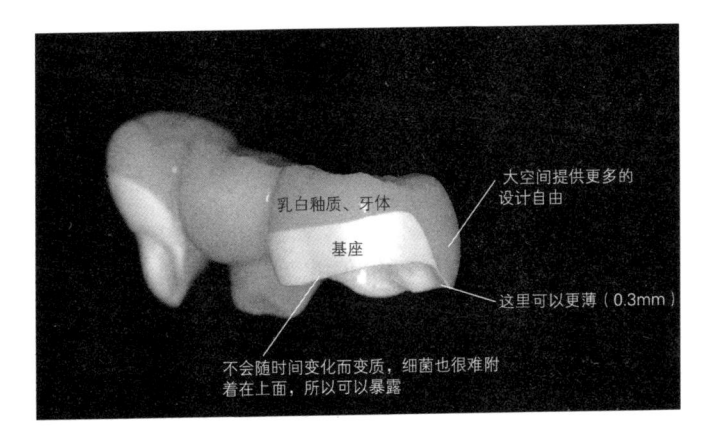

图 1-13　利用纳米氧化锆的优势设计人造义齿

比用 Y-TZP 制成的基座更薄，还可以直接暴露出来，设计自由度更高。

此外，纳米氧化锆还具有一个意想不到的优点，那就是持久性强。以往的基座，随着时间的推移会变质，其表面会变得粗糙。此时，口腔中的细菌很容易黏附在基座上。为避免发生这种情况，牙科技师往往会在用 Y-TZP 制作的基座表面覆盖一层软陶瓷，使基座不必暴露在外。而纳米氧化锆具有不易随时间变化而变质的特质，因此在不太重要的区域（如从外观看不到的人造义齿下部和背面）可以加厚基座厚度，从而提升整个人造义齿的强度。

▶ 量化工匠的世界

纳米氧化锆的真正价值找到了。但是，新的问题又出现了：如何制定供货标准呢？

牙科技工所用 CAD 创建出人造义齿的三维模型后，会发给松下进行加工。但松下并不是按照所给模型加工出来就可以了，因为所交付的基座是否合格，取决于牙科技师的判断。无论是好是坏，合格标准都属于"手艺"范畴（松下铣削中心主任中野真彦）。

如果不清楚其使用者——牙科技师的判断标准，自然也就无法明确自家产品的供货标准。此外，牙科技师的判断标准往往也不尽相同。

要解决这个问题，只能"制造出大量样品"（中野真彦）。于是，松下又继续踏踏实实地重复以前的咨询活动，广泛邀请牙科医生和牙科技师提出"订货要求"，制作出样品后再邀请他们对样品进行评价。

牙医和牙科技师的标准一般都比较主观，如"是否能够正好匹配上"等。但如果能将牙医和牙科技师的评价解读为"缝隙""厚度""浮度"等定量指标，就可以形成公司内部的供货标准，也就是"将工匠的判断标准进行数值化处理"（中野真彦）。

同时，为了迅速响应来自牙医或牙科技师的种种要求，松下内部也聘用了多名牙科技师。松下旗下的爱媛县西条市事业所内新设了名为"铣削中心"的加工所，当中有多名牙科技师随时待命，对顾客送来的三维模型及时进行修改，或与顾客探讨何种设计才能最大限度地发挥材料特性（图1-14）。

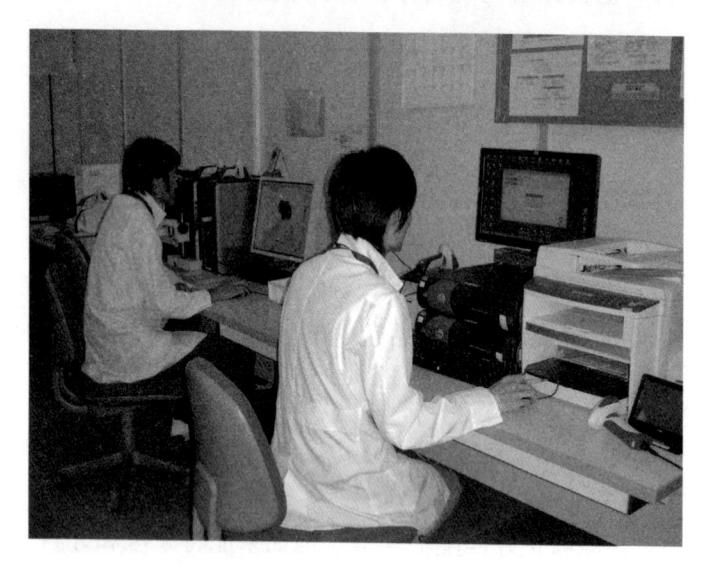

图1-14　牙科技师在铣削中心待命

松下内部雇用了多名牙科技师，以快速响应客户的要求。

从充分利用材料的角度出发，松下已经为其用户——牙科技工所准备了手册、定制指南和设计标准告知书，并且积极指导牙科技师。因为目前大多数牙科技工所销售的都是金属假体和 Y-TZP 基座，松下此举可使更多的用户了解纳米氧化锆的特性，从而产生用纳米氧化锆基座代替传统基座的想法，增加产品销量。

▶因订单增加而提升生产能力

在松下健康医疗保健公司的铣削中心，该公司自主研发的多台加工机（铣床）正在运行，将纳米氧化锆棒高速刮削并精加工成基座形状（图 1-15）。

该加工机能够以极高的精度加工极其坚硬的材料，这是其他竞争对手没有的功能。其他公司采用的多是将较为柔软的半烧结体进行刮削之后再烧结的加工方式，此种方式需要预判再烧结过程中基座的收缩度，很难达到所需的精度。而松下健康医疗保健公司可以对完全烧结体（full sintering）进行切

图 1-15　松下健康医疗保健公司自主研发的加工机

松下新设计的机器，用来进行基座加工。其采用的材料与理发器刀片的材料相同，不同点在于新开发出了基座的加工方法和棒材的制作方法。

割，因此很容易确保所需的精度，加工出符合牙科技工所要求的产品。

自 2010 年 1 月开展这项业务以来，尽管订单总量不多，市场份额较低，但整体看来是处在稳步提升之中。松下计划增加加工机的数量，以应对日益上涨的订单需求。松下的销售目标是每月 1000 颗人造义齿，市场份额占比目标是两位数。

松下还计划开发纳米氧化锆的新应用领域。尽管纳米氧化锆属于陶瓷材料，却具有金属材料特有的弹性，因此有望用来制作插入型义齿基座。

04　山科精器：便捷吸引器头和冲洗吸引导管

——使用后再定规格

"汽车行业和船舶行业是当今日本的主流行业，但这一状态不知道还能持续多久。因此，我们必须尽快进入有发展前景的领域。"山科精器（总部位于滋贺县栗东市）董事长兼首席执行官大日常男在谈到该公司进军医疗器械领域的理由时如是说道。

该公司原本是一家生产机床、热交换器和油压机的制造商。其新开发的医疗器械是吸引器头和冲洗吸引导管（图1-16）。尽管这些产品在市场上已经存在大量竞争对手，但该公司依然通过与医生的共同开发，大幅提升了这些产品的便捷性能（图1-17）。

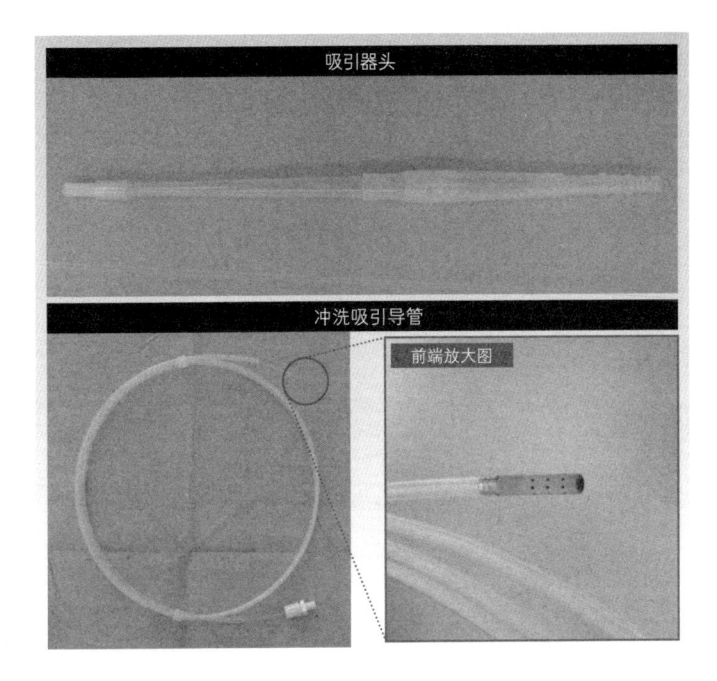

第一章
医疗器械是如何制造出来的？ 〉 041

图 1-16　山科精器开发的医疗器械

此图上半部是外科领域中使用的"吸引器头"，下半部是内科领域中使用的"冲洗吸引导管"。

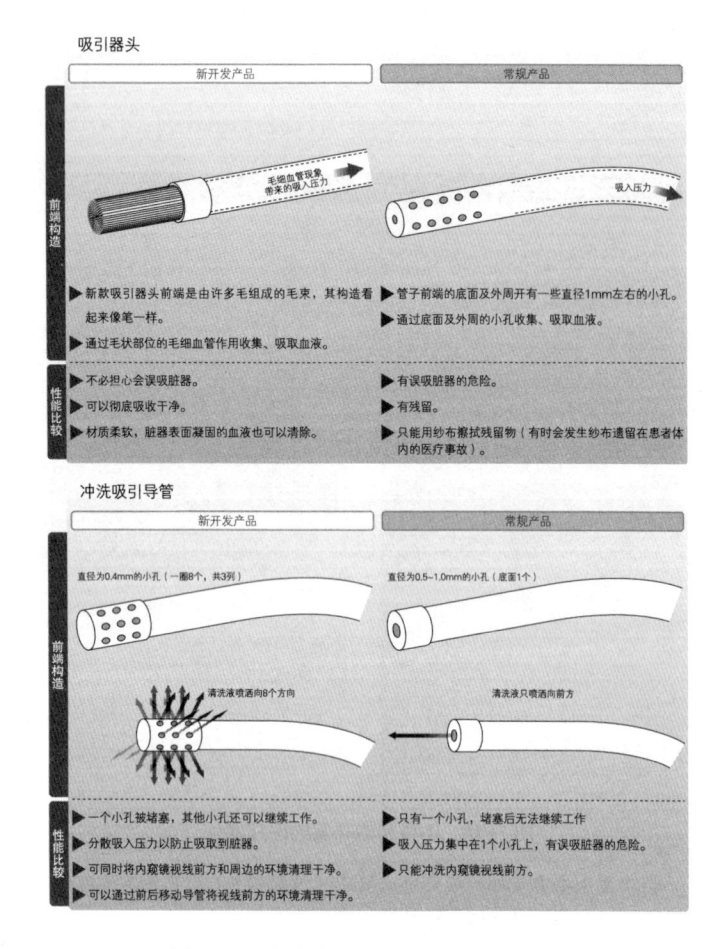

图 1-17　山科精器开发的医疗器械的优点

该图比较了山科精器开发的吸引器头和冲洗吸引导管与其他公司同类产品的不同，诠释了其优点。无论是吸引器头还是冲洗吸引导管，都被大幅提升了使用时的便捷性和安全性。

▶像笔一样便利的操作感

吸引器头是一种医疗器械,常用于外科开腹手术。它主要用于吸取附着在内脏器官上的血液和清洗液。常规的吸引器头一般会在管子前端的底面及外周开一些直径约 1mm 的孔,通过吸入压力(负压)吸入血液和清洗液。

但是,这种结构很容易导致血液或清洗液残留。如果为了防止残留而将吸引器头前端按压在器官上进行吸取的话,又有可能不小心损坏器官或吸取到部分组织。

如果无法用吸引器头将血液和清洗液清除干净,就必须用纱布将其擦去。但是,擦拭过血液或清洗液的纱布容易被忽视,手术后很容易遗留在患者体内,引发医疗事故。现实中这种事情经常发生,因此对于纱布,医生们是能不用就尽量不用。

换句话说,外科手术中真正需要的是既不会误吸脏器、又不会残留血液和清洗液的吸引器头。而山科精器开发出的新型吸引器头就极大限度地满足了这个要求。

该吸引器头的前端是由许多细毛组成的毛束。当吸引器头前端的毛状部位与血液或清洗液等液体接触时，就会通过毛细管作用将液体吸取出来。这款吸引器头与常规产品的最大不同点在于，它不是用负压原理进行强制性吸入的，因此不用担心它会误吸内脏器官。该吸引器头使用起来就像握笔一样，通过触摸内脏器官，便可以将血液和清洗液最大限度地清理干净。

▶呈放射状地喷洒清洗液

冲洗吸引导管是一种与内窥镜（主要指内科领域中消化器官手术及检查时所用的柔性内窥镜）结合使用的医疗器械。

它从内窥镜的镊子开口处插入，可以在手术和检查过程中吸取血液或清洁消化器官的内部。

常规产品只在导管前端底部开有一个小孔，用于吸取血液或喷洒清洗液。然而，这种结构的问题在于，一旦小孔发生堵塞，就不能继续清洁和抽吸。同时，由于负压都集中在这一个小孔中，因此很容易误吸脏器。此外，由于小孔处于导管底面，与内窥镜的视线方向相同，医生无法在视线以外的方向上进行清洁，操作起来并不方便。因此，山科精器便开发了一款冲洗吸引导管，该导管方便快捷，且不会出现堵塞或误吸脏器等情况。

山科精器所开发的冲洗吸引导管前端有 24 个直径为 0.4mm 的小孔（每行 8 孔，共 3 行，在导管周围呈等距离分布）。即使吸取过程中某些小孔发生堵塞，其他小孔也可以继续工作。此外，由于孔洞较多，大量的孔分散了浮力，因此可以防止误吸脏器。由于清洗液可以从所有小孔向外喷出，因此使用起来十分方便。与常规产品不同，它在内窥镜的视线方向（导管的纵向）上没有设置小孔，因此清洗液不会喷洒在视线方向上。当然，如果有需要，可以通过前后移动导管来进行清洁。

▶纸上谈兵并不能解决问题

山科精器在医疗器械开发方面经验甚少，因此他们采取了与大学的医生合作的方式来开发这些医疗器械（表1-1）。吸引器头是与滋贺医科大学医学部的谷彻教授共同开发的；冲洗吸引导管是与大阪大学医学院研究生院中岛清一助教共同开发的。

表1-1 响应用户需求，采取相应措施

山科精器与医生携手开发新的医疗器械，并通过试生产来满足医生要求。

分类	吸引器头	冲洗吸引导管
外观		
用途	外科开腹手术中用于吸取血液或清洗液。	内科手术、内科检查中用于吸取血液或清理手术部位（与柔性内窥镜一起使用）。
用户要求	前端（毛状部位）使用起来较为便捷。	导管操作起来较为便捷（要柔软、有韧性、能平稳地从内窥镜的镊子开口处插入）。
采取的相应措施	试制出许多模型，每个模型中毛束的长度、硬度、数量都不相同。通过在医生使用过程中不断调整，最终确定最佳值。	试制出许多模型，每个模型的材质、直径、厚度、摩擦系数都不相同。按照医生的使用体验和意见不断调整，最终确定最佳值。
共同开发者	滋贺医科大学医学部谷彻教授	大阪大学医学院研究生院中岛清一助教
分类	Ⅱ类（管理医疗器械）	Ⅰ类（一般医疗器械）

据负责该产品开发的公司医疗部副总经理保坂诚说，医生们要求所有的产品使用起来都很方便，但是要实现这一点其实很难。"医生对工程学并不熟悉，因此确定他们的具体要求就显得尤为重要。我们也会收到过于严苛的或者不合理的要求，但当我们无法满足对方预期的时候，只要我们礼貌地向对方解释原因，对方一般都能理解。相反，如果我们含糊其辞，对方便会无法理解，也就无从建立良好的关系了。"（保坂诚）

例如，在开发吸引器头时，研发人员注意到吸引器头前端毛状部的结构对其便捷性影响较大，认为开发重点应该放在毛束的硬度、长度、数量、排列等方面。"我们特别仔细地探讨了毛束的长度问题。"（保坂诚）但是，尽管医生对其便捷性要求很是严格，但他们却并不能将这些要求转换为对应的指标。

因此，山科精器便制作了各种规格的样品，请医生试用后再听取他们的反馈意见，最终确定最佳

值。"如果医生说毛束过长，我就会当场剪短，请他再试一次。"（保坂诚）

开发冲洗吸引导管时，开发的重点则放在了清洗液的喷洒动力、喷洒方向（小孔数量），以及导管操作便捷性等方面。其中，要求最为严格的，当属导管操作的便捷性。

医生们强烈要求导管需要具备以下特点：（1）柔软；（2）有韧性；（3）能平稳地从内窥镜镊子的开口处插入。其中，（1）是指在跟随内窥镜的前端进行自由弯曲的同时不妨碍内窥镜的操作；（2）是指即使弯曲也不会折断，因为如果弯曲时折断，就会妨碍清洁和吸取，增加操作困难；（3）是指插入时的摩擦系数要小。

这些规格不是坐在办公室里讨论出来的。山科精器制作了大量导管部位直径、厚度、材质、表面形状均不相同的样品，邀请医生进行试用，并收集了试用评价。

▶ 重视产官学合作和教育活动

山科精器的保坂诚曾参加过由滋贺县和大阪商工会联合举办的产官学合作组织,以及京都大学面向一般民众举办的医工合作讲座。据他本人讲,他把在这些讲座中学到的经验活用到了本次研发工作中。通过参加这些讲座,保坂诚摈弃了对医生的成见,转而以一种较为自在的心态与医生进行合作,共同开发新产品。

尤其是京都大学举办的医工合作讲座上,保坂诚学习到了人体构造等医学基础知识。因此,在征询医生对于相关规格的要求时,他不用再花时间去询问一些基本常识,有效地缩短了开发时间,保证了开发工作的顺利进行(图 1-18)。基于保坂诚在听取讲座后获得的巨大效果,山科精器在保坂诚学习的第二年,又选派了两人参加该讲座。"这类教育活动对于拓展医疗器械的开发思维特别重要。"(山

科精器大日常男）

图 1-18　京都大学"纳米医学融合教育小组"

在该讲座中，旁听生将和该大学医学部学生一起学习医学基础和医工合作等知识。图为山科精器的保坂诚的听课实况，以及他的结业证书。

山科精器对于产官学合作组织等能够广泛接触医生的教育活动也很重视。实际上，该公司与共同开发冲洗吸引导管的大阪大学的中岛清一也是在大阪商工会举办的"新一代医疗系统产业化论坛"上相识的，之后便开始合作开发。

如今，吸引器头已经提交了医疗器械药事申请。

该公司计划在获得药事批准后开始批量生产（图1-19）。

图 1-19　医疗器械制作工厂

在山科精器总公司内新建了洁净室齐全的医疗器械工厂，待批准后便可以开始批量生产。

05　朝仓染布：能一键式安装的心电仪专用电极布

——用泳衣制作技术确保通电性能

"这可能会成为我们公司未来的主要业务。"朝仓染布公司（总部位于群马县桐生市，以下简称"朝仓染布"）总裁兼首席执行官朝仓刚太郎一边说着，一边拿给记者看的，是在测量心电图时要用到的一种电极布［图1-20（a）］。

一般测心电图时，是在心脏周围的6个位置、手腕及脚踝处安装电极，通过测量生物电流，将心脏的跳动情况转换成图表显示出来。目前常规的做法是在心脏周围的6个位置使用吸盘状电极，而手腕和脚踝处使用夹子状电极。但朝仓染布与大日本

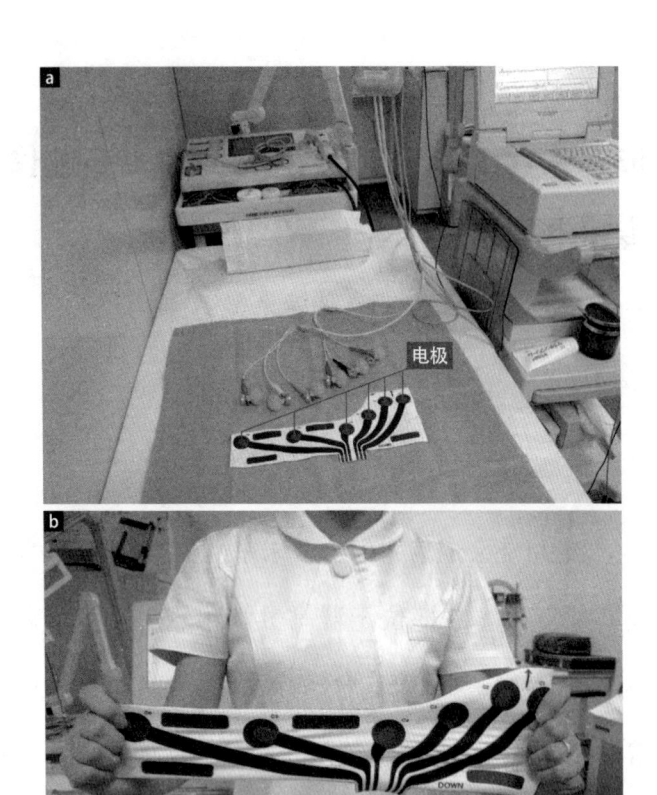

图 1-20 能迅速测量心电图的电极布

(a) 诊断床上放置的两个电极。上面是常见的吸盘电极,此类电极需要将6个电极分别安装在规定的位置;下面是一体化电极布,可以快速安装。(b) 电极布弹性较强,能轻松应对各种体型的患者。

住友制药共同开发的电极布却不一样，它在一张布上整合了6个电极，使用这款电极布可以一次性将6个电极安置在患者的相应位置上。

朝仓染布成立于1892年，最初从事线织物生产等业务，而线织物是桐生市的特色产品。目前，该公司主要从事的是泳衣织物的染色和印花等加工业务（图1-21）。当然，这些业务与医学领域没有任何关系。该公司之所以会开发电极布，是因为收到了大日本住友制药公司的研发请求。

当时，大日本住友制药公司正在研究便携式心电图测量仪"Radar Sark"（雷达背心）。他们提出了一种想法：将电极集中制作在一张电极布上，以此来提升心电仪的便携性。而要制作此类电极布，需要用到朝仓染布的泳衣印染技术。

小巧轻便的"Radar Sark"凭借其便携的特性，主要用于急救医疗（如救护车）等领域。因此，其快速简便性至关重要。相较之下，传统吸盘电极必

图1-21 朝仓染布的泳衣布料检查工序

工作人员正在检查泳衣布料。此款学生专用泳衣布料具有防红外线功能，布料中含有能吸收红外线的添加剂。在研发电极布的过程中，这些技术发挥了重要作用。

须将6个电极逐个安装在固定位置上，既费时又容易安装错误。如果能针对这一点开发出一种集成有全部电极的电极布，就可以大大缩短安装时间。

▶**响应模糊的需求**

朝仓染布是在几年前收到大日本住友制药公司

的开发要求的。当时,住友的要求十分模糊,如"希望这种电极布价格低廉、不给患者增加负担、可以快速安装"等。负责研发工作的公司技术部门负责人岩崎延道凭借着多年研发泳衣印染技术积累起来的经验,将这些模糊的要求转化成了具体化的设计。

首先针对的是"能够快速安装"这一点。因为患者的体型各不相同,所以制作出来的电极布必须能够灵活地运用于不同的体型。要解决这个问题,使用高弹性的底布即可。而朝仓染布主要业务之一就是制作高弹性的泳衣面料。因此,朝仓染布决定采用泳装常用的84%~85%聚酯纤维加15%~16%聚氨酯的混纺面料。这一面料能确保电极布具有足够的弹性［图1-20（b）］。此外,考虑到使用对象中也包含儿童,因此不可能将所有的电极布都做成同一个尺寸。但有了这些高弹电极布,至少可以少做一些相近的尺寸。

▶使用碳纳米管

接下来,是导电部分的构造。岩崎延道考虑将导电部分制作成三层结构(算上电极布本身的布料为四层)。具体结构如下:首先在布料上涂上绝缘层,然后是导电层,最后再涂上一层绝缘层(图1-22)。由于电极部分需要暴露在外,因此不涂第三层

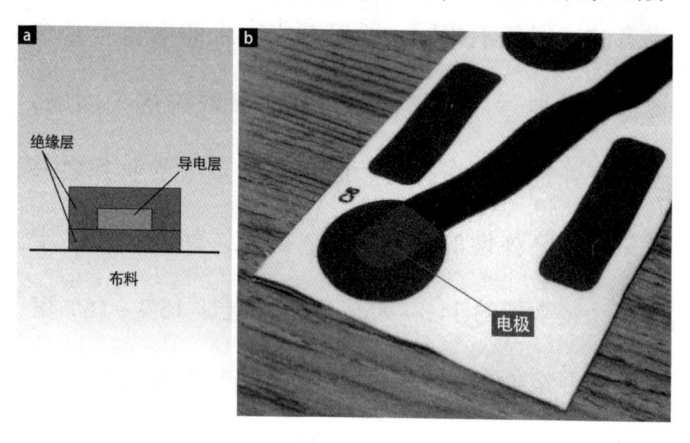

图1-22 导电部分采用三层构造

(a)为保护导电部分而采用了一种三层结构,中间层为导电层,上下均为绝缘层。(b)颜色与周围不同的圆形区域是电极所在位置。圆形部分没有涂绝缘层,是为了方便导电层直接与用户的皮肤接触。

绝缘层。在实现这种三层结构时，岩崎延道利用了泳装的印花处理技术。和泳衣的印染一样，绝缘层和导电层采用的也是能够随着布料的伸缩而伸缩的材料。

但这里有个大麻烦：电阻值过高。根据相关要求，医疗器械里使用的电缆的电阻值必须在 $2k\Omega$ 以下。换句话说，电极布的导电部分也必须保证从集成连接器端口到 6 个电极之间的电阻值都要控制在 $2k\Omega$ 以下。如果使用导电性能较为优异的铜线，虽然电阻值能降到规定值以内，但铜线的弹性达不到电极布的要求。此时，电极布的开发便遇到了一个难以解决的技术壁垒。为了打破这个壁垒，岩崎延道最开始尝试的是传说中具有出色导电性能的碳纳米管，但试验结果表明电阻值仍然高达 $4k\Omega$。

朝仓染布在导电材料方面是个彻头彻尾的门外汉。岩崎延道为此做了大量的试验，他说："我阅读了海量的文献，只要是文献中推荐的材料我都尝试了一遍。"最后，岩崎延道向碳纳米管中添加了某种助剂，同时又重新设计了黏合剂成分，这才成功降低了电极布的电阻值。

此外，岩崎延道通过延展面料、提高面料的表面平滑度等手段，也降低了电阻值。这项技术原本应用于泳衣加工，是一种为了减少水的阻力而开发的技术。当布料表面变得平滑时，三个涂层都会分布得更加均匀，电流也会变得更为顺畅。目前，电极布的电阻已经降到700Ω以下。

如此一来，集成的6个电极被固定在预定位置的电极布便研发完成了。

朝仓染布在6个电极上分别贴上黏合性凝胶后，将每张电极布进行包装，作为一次性商品进行销售。

朝仓刚太朗说："这种电极布需要配合专门的心电仪使用，目前市场需求不会一下子增加，但未来会有较大的发展空间。"因为只要对普通心电仪装置进行小小的调整，几乎所有的心电仪便都能用上这款电极布。一旦其便利性得到认可，就不仅仅是救护车专用了，一般的医院、诊所也会开始采用。即使仅用于救护车，其市场发展前景也不会小。因为除了日本，美国和欧洲等海外市场也有此类需求。

此外，为了能够长时间测量心电图，朝仓染布还计划开发一款能够与服装进行一体化生产的电极。而且，需要测量生物电流的并不仅限于心电仪领域，电极布技术还有其他的测量用途。例如，用来测量脑波、呼吸、神经系统等。

06　牛尾电机：副作用较小的紫外线治疗仪

——根据前沿研究选择波长

一位皮肤科医生说："由于自身免疫失控引起的疾病都可以通过紫外线照射来抑制，例如皮肤上的白斑、皮肤角质化形成的牛皮癣及特应性皮炎等。但照射紫外线也有一些副作用，例如生成红斑或致癌等。"

这位医生的愿望很简单，就是通过紫外线治疗仪来治疗疾病。但照射紫外线是有副作用的，紫外线治疗也因此伴随着相当大的风险，让医生很头疼。这正是技术人员出场的好时机。在听取医生的上述愿望之后，桐荫横滨大学医学工程系研究员、牛尾电机事业本部第三事业部光学系统单元 BU 事业部总经理木村诚认为："要想在提高治疗效果的同时又尽量降低副作用的影响，只需要选对光（也就是波长）。"

紫外线的波长为 10nm～400nm，比可见光短，比软 X 射线长。医生希望使用"紫外线（UV-A，UV-B）"来治疗疾病，却并未指定波长。因此，木村诚试图利用他在半导体和液晶等领域中积累的光学知识，从紫外线中找出最佳波长。

▶将需求转换为光学条件

牛尾电机最初是一家工业光源制造商，现在已发展成为专门从事光学业务的集团公司，最主要的业务是制造和销售各种以光学技术为核心的光源部件、设备和系统。该公司在研发紫外线治疗仪为紫外线治疗选择最佳的光（波长）时，第一步便是查阅有关紫外线治疗效果和副作用的论文。

在这些论文中，木村诚发现，紫外线的治疗效果可以用最小光量（MPsD）来进行评估，因为最小光量能确认紫外线对于皮肤干燥度的影响；而其副作用可以通过照射 10 小时后在皮肤上形成微弱红斑所需的最小照射量（MED）来评估。如图 1-23 所示，深灰色实线为 1/MPsD，浅灰色实线为 1/MED。

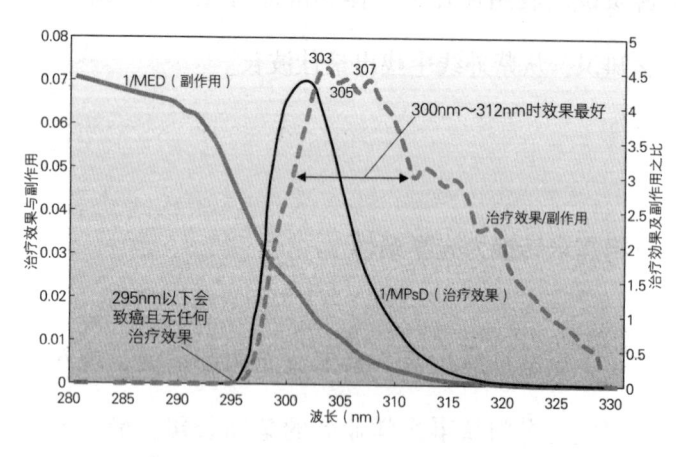

图 1-23　对紫外线治疗的理想波长的探索

木村诚从治疗效果（1/MPsD）和副作用（1/MED）两方面进行了研究，希望找出治疗效果最大且副作用最小的理想波长。图中的灰色虚线——300nm～312nm 就是最理想的波长。本图为《日经制造》杂志根据第 32 届光医学生物学会上发表的相关论文制作而成。

1/MPsD 值越大的光（MPsD 越小），治疗效果越好；1/MED 越小的光,（MED 越大）副作用越小。

但是，如果存在治疗效果为 10 而副作用为 10 的光，以及治疗效果为 0.1 而副作用为 0.01 的光，又该如何选择呢？"从尽可能抑制副作用的角度出发，我们会选择后一种光源。"（木村诚）无论疗效有多强，一旦副作用太大，就不能使用。由此，木村诚又评估了疗效和副作用之间的比率。比较结果如图 1-23 的灰色虚线所示。木村诚发现，灰色虚线显示的值越大，越接近理想的光。同时，木村诚确定了波长在 300nm~312nm 之间的光最适合紫外线治疗。

至此，木村诚成功地将医生的需求转化成了工学条件。

▶选择光源

此后的开发流程与其他产品的开发过程没有太大区别，只需要确定紫外线治疗仪的规格即可。

这一步最重要的一点是如何再现指定的光，即如何选择光源。牛尾电机选择的是一种只能提取一个波长的准分子灯（图1-24）。具体做法是从市面上现有的准分子灯中选择一种适合指定波长的XeCl准分子灯。这种准分子灯的波长为308nm。

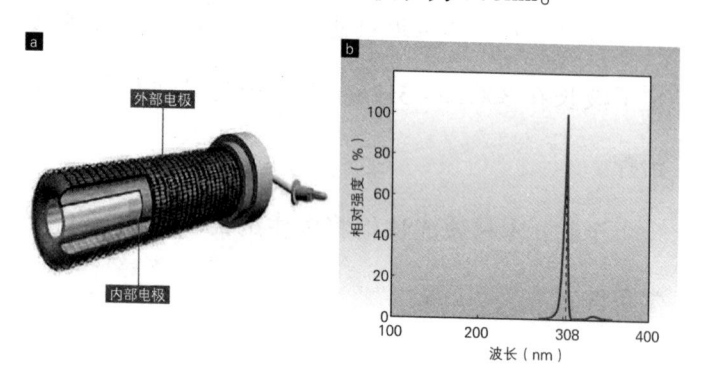

图1-24 准分子灯和光谱分布图

（a）按照图1-23中指定的波长，选择XeCl准分子灯作为光源。（b）光谱分布图显示，相对强度在308nm的波长处出现了峰值。

市面上的 XeCl 准分子灯有两种类型：风冷型和水冷型。牛尾电机继续对这两种准分子灯进行了比较和研究。他们在进行比较时准备了四种类型的光源，包括风冷准分子灯、水冷准分子灯，以及现有紫外线治疗中常用的宽带 UV-B 和窄带 UV-B[①]。将它们与图 1-23 中的理想光源（灰色虚线）进行对比，这种比较方法称为光谱匹配法，也是半导体和液晶领域的常用手法。通过对比发现，风冷型准分子灯最接近理想光（图 1-25）。

此外，考虑到安全性，牛尾电机决定将其与滤光片结合使用，尽可能不让有副作用的有害光照射人体。此时，牛尾电机采用的是与九州大学共同开发的"A 滤光片"。木村诚说："一般的滤光片在使用过程中会有铜之类的杂质沉积在玻璃上，但 A 滤光片使用了一些不常用的元素，因此不会产生这些现象。"

---

① 用于治疗白斑、牛皮癣、特应性皮炎的紫外线。宽带 UV-B 具有 290nm~320nm 的宽波长，而窄带 UV-B 具有 311nm~313nm 的窄波长。后者的治疗效果更佳。

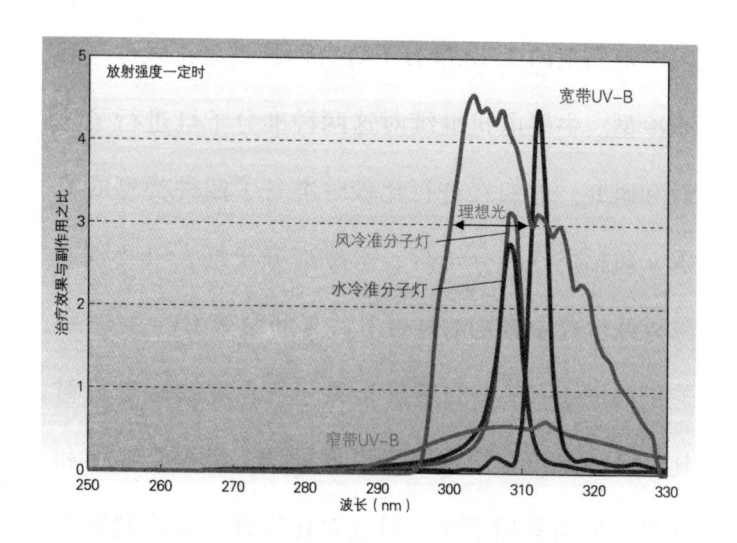

图1-25 各种光源和理想光的比较结果

牛尾电机将风冷准分子灯、水冷准分子灯、宽带UV-B和窄带UV-B进行了比较，结果发现风冷准分子灯最接近理想光。本图为《日经制造》杂志根据第32届光医学生物学会上发表的相关论文制作而成。

这种特殊的A滤光片与风冷准分子灯结合使用可以阻挡低波长的光，而低波长的光正是副作用的最大来源。试验结果表明，相较于单独的风冷准分子灯，组合使用时的光谱匹配值更高，获得的光更接近于理想的光。这一点在牛尾电机与名古屋市立大学合作进行的细胞实验（体外）中也得到了证实。

该实验的主要目的是利用人体的自身免疫细胞（T细胞）来观察治疗效果和副作用。

2008年10月，牛尾电机确定了光源，制作并发布了用于治疗白斑、牛皮癣和特应性皮炎的紫外线治疗仪"TheraBeam UV308"（图1-26）。与市面上的同类产品相比，"TheraBeam UV308"紫外线治疗仪对皮肤的损害更少，治疗效果更好。目前，其销

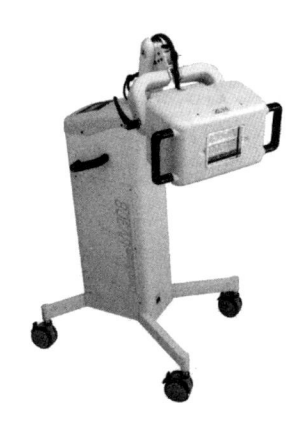

图1-26 采用XeCl准分子灯制造的紫外线治疗仪"TheraBeam UV308"，于2008年10月开始发售

用于治疗白斑、牛皮癣和特应性皮炎等皮肤疾病。与同类产品相比，其副作用较小，治疗效果更好。此外，由于其放射强度较高，因此治疗时间更短。

售额正在持续稳步增长。

▶进入医疗领域的5个步骤

2000年左右,牛尾电机萌生了进军医疗领域的想法。当时他们对原有业务进行了梳理,确认了公司目前的核心技术为理想光源制造技术、精确控制技术和准确测量技术。这些技术都是在开发光学产品(灯和激光)的过程中积累起来的。之后,牛尾电机便以光源、控制和测量这三大技术为中心,开始探索下一步业务。

从此处开始,牛尾电机用了五个步骤完成了新产品的开发工作(图1-27)。

第一步是访问大学。"要拓展一项新的业务,仅靠一家企业是不行的,因为技术上会有局限性,资金上也会有一定的困难。"(木村诚)由此,牛尾电机首先从云集了各种大学专利的TLO(技术转移机

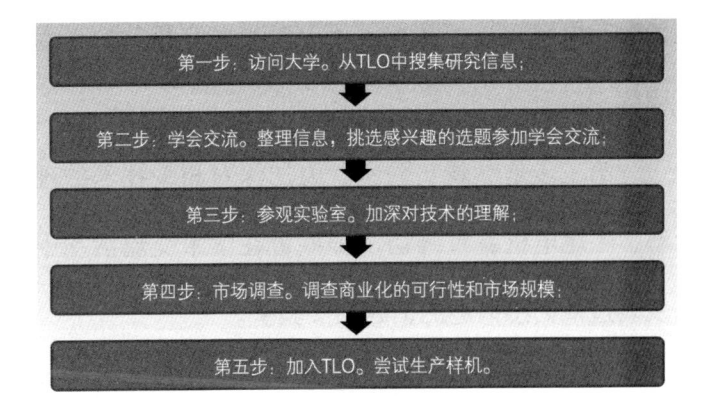

```
第一步：访问大学。从TLO中搜集研究信息；
          ↓
第二步：学会交流。整理信息，挑选感兴趣的选题参加学会交流；
          ↓
第三步：参观实验室。加深对技术的理解；
          ↓
第四步：市场调查。调查商业化的可行性和市场规模；
          ↓
第五步：加入TLO。尝试生产样机。
```

图 1-27　医疗器械的开发流程

流程共分五个步骤。从大学收集相关信息（第一步）后，访问感兴趣的学会（第二步）。在这一步骤中，牛尾电机访问的是与医学相关的学会。之后针对感兴趣的选题参加学术交流，参观实验室（第三步）。在加深对相关技术的理解后，进行市场调查并冷静地分析商品化的可行性（第四步）。如果具备可行性，则加入TLO组织，一起开发样机（第五步）。牛尾电机就是按照这一流程开发出了紫外线治疗仪。

构）着手，收集了大量信息，而这些信息主要来自医学和工学领域。

第二步是学会交流。牛尾电机把通过 TLO 收集起来的信息进行分类整理、消化之后，选定了自己感兴趣的主题。之后便按照这些主题去参加各种学术会议。就是在这一步，该公司将新业务领域锁定为医疗保健领域,并加入了一些与医疗相关的学术团体。

第三步是参观实验室。为加深对相关技术的理解,牛尾电机着重拜访了那些曾在学术交流活动中发表过他们感兴趣的话题的实验室。

第四步是市场调查。主要是调查该产品的市场规模和商业化的可行性。在这一步,牛尾电机绘制出了新的业务蓝图(图1-28)。他们选择了四个关键词——"健康""高龄人群""医疗"和"美容"作为公司未来的业绩增长点,认为在这四个关键词的交叉领域还存在一定的发展空间,而这个空间需要用与之相关的技术去填补。

例如,在医疗与健康的交叉领域中需要"QOL(生活质量)改善技术""代谢诊断技术"和"血糖值测量技术";在医疗与美容交叉的领域中需要"痤疮治疗技术""色斑、皱纹诊断技术"和"白斑、特应性皮炎治疗技术"。在这个过程中,必须冷静地进

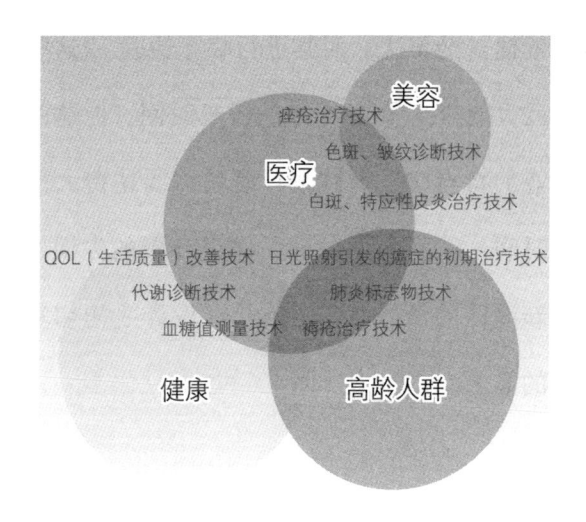

图1-28　牛尾电机探索的光学医疗方向

牛尾电机选择了"健康""高龄人群""医疗"和"美容"四个关键词进行分析，并梳理出这些领域所需要的相关技术。

行分析、梳理，确定这些技术是否能真正地有的放矢。只有这样，才能发现商机。

第五步是加入TLO。据说，TLO无偿接纳了牛尾电机并协助其开发实验机、制作样机。

牛尾电机花了两三年时间才完成了上述五个步骤。今后，牛尾电机将针对开发出来的设备进行临床试验，判断其是否适用于临床治疗，而日本政府也将依据《药事法》对其进行临床检验。"这些需要花费巨大的成本和 2~5 年的漫长时间,但这就是医疗行业的特点。"(木村诚)既然需要花费大量的成本和时间,就不允许出现任何设计上的失误。而避免重新设计的最好办法,就是在设计之初切实考虑医生的需求。

▶ 医学和工学之间的桥梁至关重要

要想实现上述目标,最不能缺少的就是既懂医学知识又懂工学知识的人才。在牛尾电机内部,担当此任的就是木村诚。

木村诚是工学出身,他刚参加工作时是希望从事销售工作的。但在工作中,他逐渐对医学领域产生了兴趣,并自费报名学习了桐荫横滨大学医学工程系的课程。正因为有了这样的学习经历,在本次紫外线治疗仪的开发过程中,木村诚才能做到对医生随时脱口而出的专业术语毫无陌生感。在开发医疗器械的过程中,"最重要的就是要把医生的最终需求、自身掌握的基本知识和公司能做的、想做的工作结合在一起。"(木村诚)而能实现这一目标的只有像木村诚这样的人才。

07　医疗器械制造的 8 个要点

很多日本企业在进军医疗器械业务时，都会把在日本市场取得稳步成功作为自己的目标。而支持医疗器械开发的 Qualys Innova 公司的木村浩实认为："我们最好一开始就把目光放在美国市场。"这是因为美国市场是世界上最大的市场，产品质量越高，得到的评价越好。美国的医疗监管机构——FDA（美国食品药品管理局）也以审查严格著称。

只要产品能够通过审查，就可以在世界各地进行销售。因此，在熟悉 FDA 审查的木村浩实的监制下，本节收集、整理了进军世界医疗器械市场的 8 个要点。

▶要点1：采用瀑布式开发流程

FDA 建议医疗器械制造商采用瀑布式开发流程。所谓瀑布式开发流程，简而言之，就是一个不可逆转的研发过程。从"客户需求"和"预期用途"出发，按照"设计输入"→"设计过程"→"设计输出"的流程开发医疗器械（图1-29）。

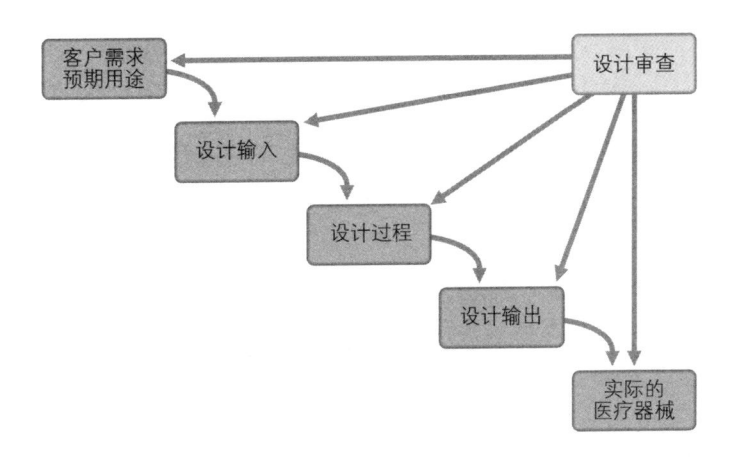

图1-29 瀑布式开发流程

一般的制造型企业会重复几次设计、试生产、评估的流程来提高完善产品，这种螺旋式开发流程比较常见。但是，FDA 建议医疗器械制造商采用瀑布式开发流程，因为在医疗器械开发过程中，采用螺旋式开发流程风险较大。一旦返工就意味着设计失误，会带来较高的开发成本，导致开发出的产品在市场上失去竞争力。

▶要点2：区分产品研究和产品开发

为了准确把握客户的需求，必须以试生产的方式进行试错。但试错法与瀑布式开发流程的理念又是自相矛盾的。

针对这一问题，FDA 认为，此类试错活动应定位为"产品研究"而不是"产品开发"。产品研究不受监管，因此可以大胆试错。

然而，产品研究不足以作为产品开发的客观依据，还需要通过实例来证明产品研究的结果。许多公司往往会忽略这一点。理解客户需求本身就需要反复试错，但重要的是试错之后还必须对试错结果进行整理，最终才能成为经得住检验的客观依据（图1-30）。

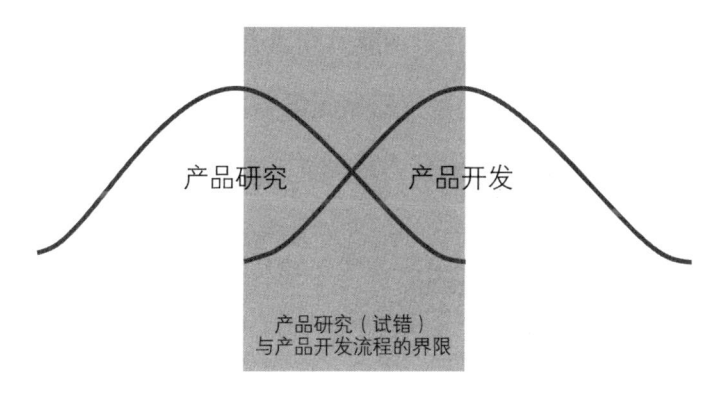

图1-30　区分产品研究与产品开发

▶要点3：通过试做样品提升规格精度

客户需求往往不是一些具体的技术规格，而是一些具有评价性质的、模糊的内容，如"便于携带"等。因此，医疗器械开发公司需要试做出样品来加深对客户需求的理解，同时提升技术规格的精度。

开发医疗器械还要牢记一点：客户（尤其是医

生）具有很强的个体差异。如果按特定客户的需求去开发医疗器械，最终开发出的产品在市场上可能不会畅销。因此在进行市场调查时，需要考虑客户（医生）的影响力（手术数量和患者数量）。对于直接用在患者身上的医疗器械则需要按照年龄进行调查，重点关注大多数客户的需求（图1-31）。

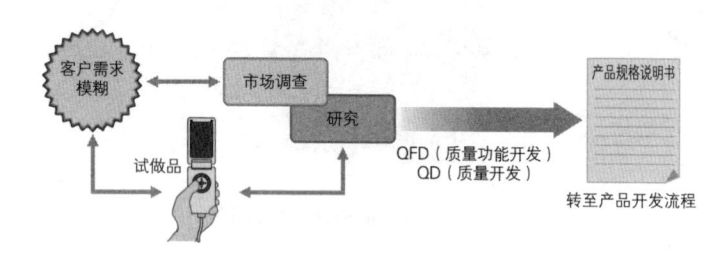

图1-31　通过试做样品提升规格精度

▶要点4：控制影响质量的因素

将客户需求转换为技术规格的关键是优先考虑与质量直接相关的重要因素，即CTQ（Critical-To-Quality，品质关键点）。

例如，如果客户需要的是"便于携带的器械"，研发人员就要将其转化为具体的技术规格，如"重量为340g~380g"，这就是CTQ。因为客户是不会接受没有CTQ的产品的。

一旦确定了CTQ，就要根据CTQ扩展出"目标值""极限值（公差）""残次品定义"等技术要素。此时就要预先考虑用何种测量仪、何种判断标准才能验证生产出的产品是否达到了预定的"目标值"和"极限值（公差）"等。

在这一步，合理运用Taguchi Method法（田口品质工程法，也称Quality Engineering，质量工程学）显得十分重要。研发人员必须设计出一种好的实验方式，才能通过一次实验来满足所有的规格要求。研发人员可以先将现有产品中经常发生质量缺陷的机制、模块、软件等技术要素识别为CTQ，从中研究出最好的参数，以达到输出可控且不会再次出现质量缺陷的效果。这就需要研发人员制定出好的实验计划，对多组参数进行组合实验，从相关关系中找到可控制的输入，最终达到可控型输出的效果（图1-32）。

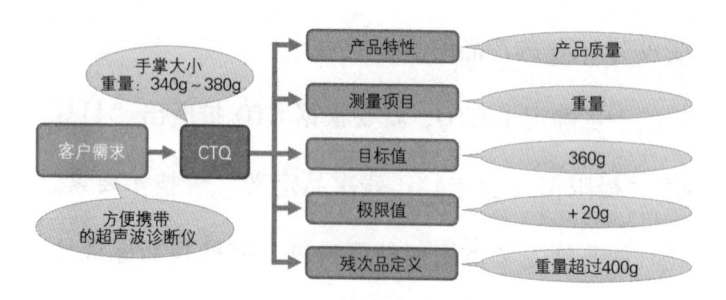

```
客户需求 → CTQ
  ├ 手掌大小 重量：340g~380g
  └ 方便携带的超声波诊断仪

CTQ → 产品特性 → 产品质量
      测量项目 → 重量
      目标值 → 360g
      极限值 → ±20g
      残次品定义 → 重量超过400g
```

图1-32 控制影响质量的因素

我们将这种产品开发方法称为前期研发（Front-loading，产品设计开发项目前期导入），它可以在不试做出多种样品的前提下提升产品开发的质量。FDA十分推崇这种开发的模式。日本是一个开发成本高昂的国家，若不积极推动前期研发，就无法在成本竞争中立于不败之地。

▶要点5：使用QFD厘清需求和规格之间的关系

将客户模糊的要求转化成技术规格，最有效的工具是质量功能展开（QFD，Quality Function Deployment，也称质量功能配置、质量机能展开、质量功能部署）。要点4中针对"易于携带的设备"这一要求，研发人员已经将其对应为"产品质量"，而之所以这两者之间能建立起对应关系，就是因为使用了QFD工具。此外，特征因子图（鱼骨图），帕累托图（又称排列图、主次图）和失效模式影响分析（FMEA，Failure Mode and Effect Analysis,）也是值得推荐的工具（图1-33）。

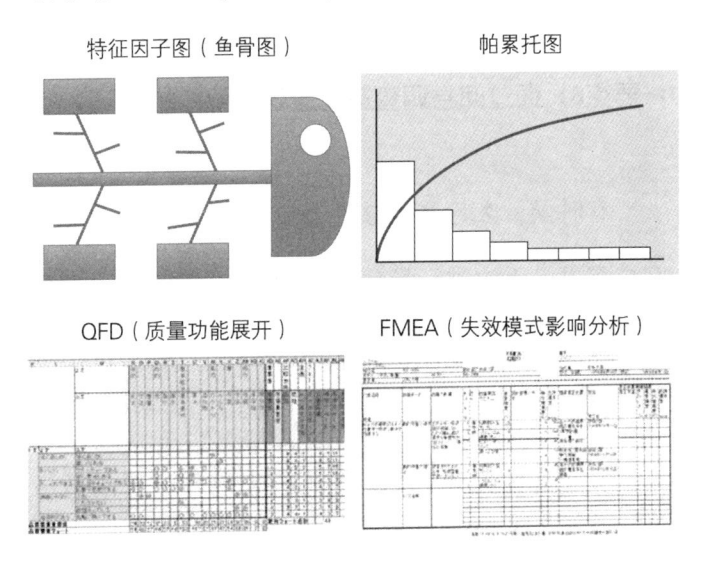

图1-33 使用QFD厘清需求和规格之间的关系

实际上，除了客户需求和试制品评估外，产品规格的具体数值还必须与同类产品做比较。此时要着重把握的一点是：产品不会让所有客户都满意。我们必须考虑客户影响度，弄清目标市场后才能最终确定产品规格的具体数值。

这部分工作日本企业都不太擅长。美国企业的市场部往往会综合了解市场及其产品的定位，但日本企业的市场部通常专注于如何销售。

▶要点6：通过问卷调查量化主观评价

有时候，无论利用多少种工具，依然会有一些客户需求是无法进行量化处理的，如"痛感""容易使用""操作方法通俗易懂"等基于个人感官认识来进行评价的项目。

对于这种类型的项目，可以先制作出样品邀请客户本人试用，再在试用后让其填写5级评估表之类的问卷调查表。如果此类表格的基数够大，也可以作为产品开发的客观依据来使用（图1-34）。

	评价项目	评价
1	采血时比A产品更疼吗？	0 1 2 3 4
2	语音操作指南容易理解吗？	0 1 2 3 4
3	操作手册是否通俗易懂呢？	0 1 2 3 4

图1-34 通过问卷调查量化主观评价

尽管这些评价结果都是基于客户的主观感受来填写的，但研发人员依然可以通过科学的问题设计来将其客观化。例如，可以将问卷设计为对比式提问，请客户比较出我方产品与其他产品的不同之处。当然，五级评估问卷只是量化的一种手段，量化后还需要统计分析。

以制定操作手册的问卷为例。操作手册是产品组件的一部分，在制定操作手册的问卷时必须按客户年龄进行分别设计。重要禁忌事项的字体可以稍大一些，但具体大多少需要根据客户年龄进行调整。必须避免客户因看不清字而忽视了禁忌事项等危险情况的发生。

▶要点7：确保可追溯性

如果新产品的开发流程都忠实地遵循了前6个要点，研发人员就应该明白技术规格的确定是有客观根据的。但是，这种客观根据必须以一种可以让第三方（检查员）理解和可跟踪的形式保留下来。这就是FDA要求的可追溯性。

为确保可追溯性，就要用到"可追溯性矩阵"。该矩阵记载着产品规格，并提供了确定这些规格需要用到的客观根据的文档链接。这些客观根据以"设计历史记录（DHF，Design History File）"形式进行集中管理，以便第三方从规格列表中跟踪相关的DHF文档（图1-35）。

第一章 医疗器械是如何制造出来的？ 087

CX87产品开发规格书 Ref.#	CTQ	客户需求	产品规格书 规格	设计历史记录（机器） 责任部署	CX87-PS-01R02 Ref.DHF#
M5	●	便于携带	(W.H.D) 300×300×400 (mm)	构造设计团队	CX87-MS-01R01
E2		能在欧洲、北美、日本使用	100/110/120/220/240V	电气设计团队	CX87-MS-01R01

CX87-构造规格书 Ref.#	CTQ	设计输入	子系统规格书 规格	合格标准	DHF#
CX87-PS-01R02-M5	●	便于携带的尺寸 (W.H.D) 300×300×400 (mm)	公差 ±0.2mm	测量仪 三维测量仪测量 标准20±2℃	合格 300×300×400mm (±0.2mm)	CX87-E-015 合格

CX87-电气规格书 Ref.#	CTQ	设计输入	子系统规格书 规格	合格标准	DHF#
CX87-PS-01R02-E2		能在欧洲、北美、日本使用	100/110/120/127/ 200/220/230/240V	公差 =12%，且变压器的次级 绕出值的数量不足±2%	测量仪 试验方法规格 稳定电源 数字电压表	合格标准 每个输入电压输入±12% 时，次级输出不足±2%	CX87-ES-01R01 合格 CX87-E-005

图 1-35 确保可追溯性

可追溯性矩阵可用于防止技术规格在产品开发过程中发生数据波动，同时避免丢失客观根据。

▶要点8：区分验证和确认

在医疗领域，人们经常把 validation（验证、妥当性确认）和 verification（确认、检验）弄混。实际上，这是两个完全不同的概念。"验证"是确认制作出来的产品"是否是客户想要的（正确的）"或"是否符合预期用途"。而"确认"是检验产品"是否是按照规格（设计输入）生产出来的"。

"验证"（validation）需要研发人员将开发出来的器械交给客户体验，询问是否符合其需求。如果在将客户的需求或预期用途转化为规格的过程中出现了失误或遗漏，那么无论制作流程有多么正确，客户也会反馈说："这不是我们需要的产品。"因此在开发之前，一定要对客户的需求进行细致的了解。

医疗器械制造商很少能在了解"验证"与"确认"的区别后,将区别过程作为客观根据保留下来。但这些记录不仅是行政审批中必不可少的信息,对于保护企业、保护患者也是必不可少的(图1-36)。

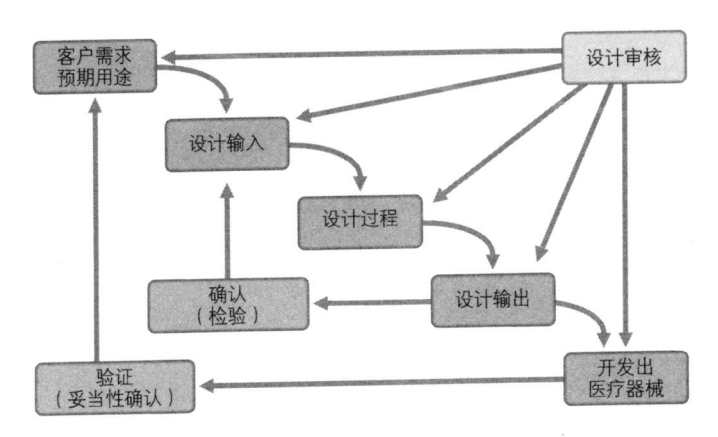

图1-36 区分验证和确认

第二章

制造+医疗：制造业活跃于医疗领域的策略

近些年来，制造商们充分利用多年积累的技术，为医疗器械带来了创新式发展。其势头十分强劲，时机也较为成熟。在国家和地方政府产业振兴政策的支持下，越来越多的日本企业希望凭借技术进军医疗器械市场。对他们来说，医疗器械市场的稳定需求和全球性增长极具吸引力。

但是，进军医疗领域要面临许多麻烦和盲区，如相关法律法规等。制造商们正在积极探索，希望能在医疗领域发挥积极作用。

01 医疗+制造=新价值

——制造业的绝佳机会,创造傲视世界的新产品

2014年4月,在东京国际展览中心举办的医疗器械设计和制造展览会"MEDTEC Japan 2014"上,参展人数与前几年相比增加了一倍。这如实地反映出目前医疗领域对制造业的期望要高于以往任何时候。参展公司纷纷表示:"仅靠汽车和电器等传统行业很容易受到经济不景气的影响。为了分散风险,我们必须认真对待,为进军医疗领域做好准备。"

在"MEDTEC Japan 2014"会议召开的一个多月前,一场由日本经济产业省、关东经济产业局联合举办的"医疗设备·制造业商谈会"上也是人头攒

动。这场商谈会旨在为医疗器械制造商和制造型企业搭建桥梁。针对现场 11 家医疗器械制造商提出的开发项目，来自日本全国各地的 71 家制造型企业积极响应并进行了热烈的洽谈，甚至有一些项目当场就进行了对接和研究。

▶ 安倍经济学和《药事法》的修订

这股浪潮并非偶然，它意味着日本制造型企业进入医疗领域、获得飞速增长的时机已经到来。

其中有两个原因。

一是因为安倍经济学（Abenomics，安倍实施的一系列经济刺激政策）正在极力推动医疗保健作为新的增长产业。安倍政权已将"医疗保健"设为"新增长产业"之一，以振兴日本国内医疗器械的发展并扩大出口。安倍政权在 2014 年 6 月宣布的"日本复兴战略"中指出，到 2020 年，日本在制药、医疗器械和再生医疗等领域的医疗产业市场规模将扩大到16万亿日元（2014年为12万亿日元）。医疗领域是世界性经济增长领域，这一计划表明了日本利用其优良的技术和系统发展医疗产业的决心。而今后可以预见，日本将逐步加大对该领域的投入。

日本地方政府和地方产业振兴组织自然也紧跟形势。他们采用补贴等方式促进产业振兴，积极举办对接活动，为制造型企业和医疗器械制造商搭建桥梁。

二是因为日本政府决定对在2014年11月开始实施的《药事法》进行修订。修订后，医疗器械制造业将由以前的许可制改为注册制，医疗器械的认证流程将被大大简化，同时制造业所需的质量管控流程也将遵循国际标准。简而言之，此次修订有望降低制造型企业进入医疗器械领域，尤其是进入医疗器械制造业的准入门槛（图2-1）。

图 2-1 通过医工合作进军医疗市场的机遇增多

制造业对稳定且有望持续增长的医疗器械市场非常关注。安倍经济学将其作为新增长产业之一，以及通过医工合作进军医疗市场的机会将越来越多。《药事法》的修改也有望降低医疗领域的准入门槛。也就是说，通过医工合作进军医疗市场的机会将越来越多。

▶医疗器械领域的期望

医疗器械行业对制造型企业也同样寄予厚望。因为利用制造业多年探索出来的优良技术,该行业也很有可能创造出世界通用的、划时代的新产品。

事实上,即便是在日本国内市场,日本生产的医疗器械也不如海外产品有吸引力。尽管也有内窥镜之类的日本产品出口海外,但毕竟是极少数。而现实的情况是,日本国内医疗器械市场处于进口过剩状态,在全球医疗器械市场上的占有率并不算高(图2-2)。[①]

而要想打破这种困境,最关键的就是要引进其他行业(例如汽车和电器)千锤百炼锻造出来的先进的制造技术。目前已经陆续有人提出了类似的想法,他们想要利用制造业的成熟技术打造出全新的

[①] 尤其是占据医疗器械大部分市场的"治疗型"器械进口额约为出口额的四倍,进口和出口的数量严重不对等。

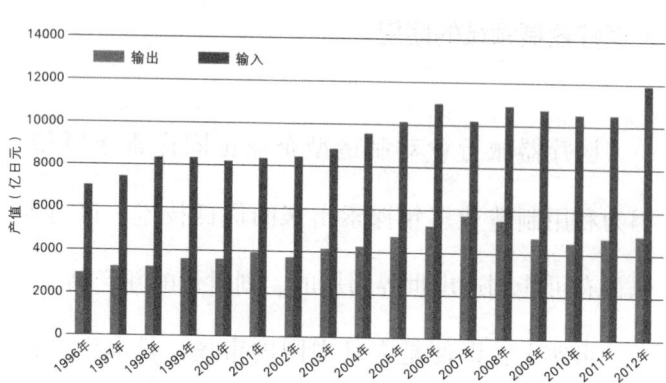

产品，实现前所未有的功能和治疗功效。

图 2-2　医疗器械市场出口金额与进口金额的变化

与出口额相比，进口额大幅增加，差额达两倍以上。不得不说，日本产品的竞争力很低。图片由《日经制造》杂志以医药工业生产动态统计年报为基础制作而成。

例如，Cross Effect 公司（总部位于京都市）就实现了使用软质心脏模型进行术前模拟。其心脏模型十分逼真，与患者的真实心脏看起来一模一样。由二九精密机械工业（总部位于京都市）开发的特殊手术钳①也有望提高腹腔镜手术的自由度。到目前为止，中小制造型企业的响应速度更快一些，它们

---

① 手术钳：手术过程中，用于抓住或按住人体组织或缝合线的、类似剪刀的手术工具。

总能迅速调整经营策略。

此外，还有一些制造型企业利用先进的加工技术和在其他行业中积累的经验积极进行技术开发，对具有高附加值且售价高昂的人造骨和骨折板之类的医疗植入物进行加工。

▶对接业务气氛热烈

日本国家、地方政府和地方产业振兴组织已经开始积极行动，加速响应，采用各种支持措施来促成"医工合作"（即医疗领域与制造业之间的合作）。

日本经济产业省每年投入约 30 亿日元推进"医工合作商业化促进项目"。其主要目的，是把中小制造型企业的技术运用到医疗领域。

本节开头介绍的经济产业省、关东经济产业局联合举办的商谈会也是出于同样的目的。关东地区是多家医疗器械制造商的聚集地，日本政府推出

"医疗器械产业制造基地强化项目",也是为了将当地的医疗器械制造商与全国各地的制造型企业及各地医工合作活动紧密地联系在一起①。

东京都大田区和文京区在2014年2月宣布成为合作关系,此举也是推进医工合作的措施之一。大田区聚集了许多中小制造型企业,而东京大学医学部附近的文京区本乡地区聚集了很多医疗器械制造商。因此,在大田区产业振兴协会与日本医疗器械协会共同召集下,大田区众多中小制造型企业云集到本乡地区,召开了一次展示洽谈会。该产业振兴协会正以协调者的身份逐步将中小制造型企业的技术和医疗器械制造商的开发需求进行匹配,助推两大领域的融合。

以现有的医疗器械制造商为核心,联合制造型

---

① 悉心听取医疗器械制造商的产品开发、改良需求后,通过各地区的产业支援机构向各地的制造型企业发布需求信息,然后详细分析需求和技术的匹配度,组织洽谈会,让双方在会上交流细节。

企业进行共同开发,是这一系列医工合作的共同之处。前文中提到的两个洽谈会也均以此模式为前提,邀请制造型企业加入。

▶有策略地进军医疗领域

在空前的政策利好环境下,一家制造型企业要想进入医疗领域应该采取什么样的策略呢?

医疗器械行业与汽车、电机和工业设备等行业大不相同。医疗器械行业生产的产品要直接作用于人体,其生产和销售过程必须严格遵守《药事法》等法律法规,才能确保产品质量安全。因此,医疗器械市场的准入门槛要高于电机等行业。

例如,医疗器械的制造、销售和上市,必须依据《药事法》的相关规定获得"医疗器械制造销售业"(制售业)许可。所谓的医疗器械制造商(制售企业),均为已经获得了相应资质的企业(表 2-1)。

即使想以委托方式从制售企业获得订单，也必须获得"医疗器械制造业"许可。此外，不同的医疗器械对应着不同的风险等级，想要进军高风险医疗器械领域，就必须获得相应的资质。

基于上述规定，制造型企业进入医疗领域有以下几种模式（图2-3）。

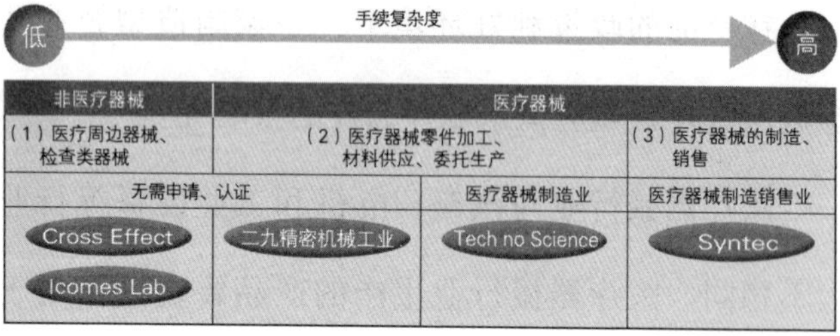

非医疗器械	医疗器械	
（1）医疗周边器械、检查类器械	（2）医疗器械零件加工、材料供应、委托生产	（3）医疗器械的制造、销售
无需申请、认证	医疗器械制造业	医疗器械制造销售业
Cross Effect / Icomes Lab	二九精密机械工业	Tech no Science	Syntec

手续复杂度：低 → 高

图2-3 医疗器械市场的准入形态

门槛较低的是医疗周边器械和医疗器械零件加工、零件供应业。想要向制售企业供应最终产品，必须取得医疗器械制造业许可。虽然难度很高，但将来一旦发展为制售企业，就可以销售自己的产品了。

就手续而言，最简单的是（1）医疗周边器械和检查类器械。此类器械无须制售企业或医疗器械制造业许可。运用模型技术制造了心脏模型的Cross

Effect 公司，以及研发了电动移液器的 Icomes Lab 公司（总部位于盛冈市）就是最好的例子。

其次是（2）做医疗器械行业的供应商，以专业的制造技术作为武器，为医疗器械行业进行零件加工、零件供应和委托生产。除委托生产和核心零件的供应外，其他合作通常不需要获得医疗器械制造业许可[①]。通过此种途径积累医疗器械制造经验，就可以为日后进军医疗器械制售业开辟道路。

委托生产则需要获得医疗器械制造业许可。例如，Techno Science 公司（总部位于静冈县沼津市）就获得了医疗器械制造业许可，在医疗器械制造销售公司的支持下开发了人工呼吸器辅助设备。同时，它还收到大型医疗器械制造商的委托进行生产。从保证质量的角度来看，获得医疗器械制造业许可对公司未来业务的发展是有利的。如果公司的资质满

---

① 在制造重要的零件和模块时，为确保质量，越来越多的客户要求制造公司从制售业获取相应的资质。

足一定的质量管理标准，就很容易获得市场的信赖，有利于业务的扩展。

▶也可以成为医疗器械制造商

手续最复杂的是（3）成为一家医疗器械制造销售企业，制造、销售自家公司的产品。例如，Syntec公司（总部位于福岛县磐城市）开发了一种利用电线加工技术固定骨骼的缆线。在产品开发的同时，该公司还于2013年5月获得了制售业许可，成为一家医疗器械制造商。

获得制售业许可需要公司改进体制、经历繁琐的许可申请过程，并且在销售产品时肩负重大的责任。当然，凡事都有两面性。它的优点在于"更容易拓展医疗领域的业务"（Syntec董事长赤津和三）。因为一旦获得许可，就能大幅提升客户的信任度。

专栏1

从许可制到注册制，医疗器械制造资格或将更容易获取

2014年11月修订的《药事法》对于日本制造业的影响主要体现在三个方面。

第一，医疗器械生产许可由审批制简化为注册制。修订后进入医疗器械行业只需提交申请，后续的相关手续也被简化。

第二，在需要政府批准才能入市的高度管控类医疗器械中，"后发医疗器械"（与已批准的医疗器械在使用方法、功能、效果及性能等方面类似的医疗器械，也称"仿制医疗器械"）的制造和销售改为由第三方注册认证机构进行认证。第三方注册认证机构的认证速度比政府认证速度更快，可以缩短认

证时间（这里提到的注册认证机构是由日本厚生劳动大臣注册的民间认证机构）。

第三，制造业所遵循的质量管理体系（QMS）可与国际标准"ISO 13485"互通，同时良好质量规范（GQP）也将整合到QMS中。《药事法》修订前，日本制造商必须同时获得"ISO 13485"和QMS认证：如果生产出来的医疗器械要销往海外，需要申请"ISO 13485"认证；而想要在日本国内销售，又需要获得QMS认证。一个产品需要两次认证，十分麻烦。

此外，修订后的《药事法》把与医疗器械的生产销售有关的规定单列一章，与药品实行分别监管。药品成分不能轻易改变，但医疗器械的功能却可以不断改进和增强，两种产品的特性本就不同，因此也不适合用同样的制度进行监管。

值得一提的是，《药事法》的名称也更改了。修订后的名称为《关于确保药品、医疗器械等的质量、有效性和安全性的法律》。

02　Cross Effect 公司：心脏模型＋3D 打印

——精确再现真实心脏，为术前检查提供保障

"做得太好了！这太神奇了！""这简直就是一场革命！"这是心脏外科医生们在看到一个质感、形状与实物相似的树脂心脏模型时发出的感叹（图 2-4）。该心脏模型由 Cross Effect 公司（总部位于京都市）开发，而该公司的核心业务是使用 3D 打印机进行铸模制作。该公司的软质心脏模型受到了医生和其他人士的高度评价，并且获得了 2013 年度的"第五届日本产品制造大奖赛内阁总理大臣奖"（由日本经济产业省主办）。

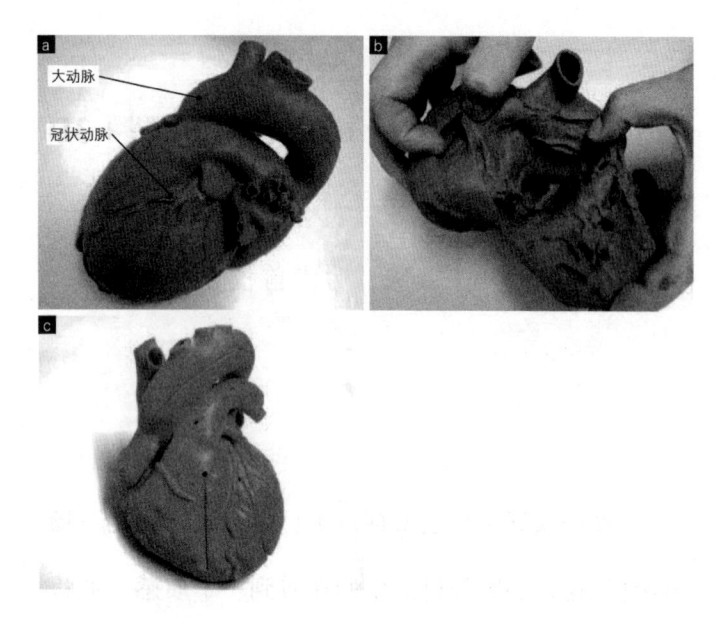

图 2-4　Cross Effect 公司制作的软质心脏模型

（a、b）除了外形、心室、心房等内部结构之外，还以中空的形式生动再现了大动脉和冠状动脉。标准款的售价约为 20 万日元，完整款约为 40 万日元。(c) 可供用户反复练习的学习用低价款模型"Cardio Model E. V"，售价只有 3.5 万日元。标准款的模芯是一次性的，而"Cardio Model E. V"预先刻好了印迹，可以取出模芯再次使用。

▶根据 CT 数据制作 3D 模型

Cross Effect 公司开发的心脏模型（该公司称其

为生物学模型）以 CT 扫描数据为基础，细节与真实心脏完全相同。而且，质感也很接近真实心脏。通过为心脏病患者创建心脏模型，可以再现病灶的细节，便于医生们在术前探讨如何以最短距离接近病灶，在手术中减轻患者负担。

此外，医生还可以用手术刀在心脏模型上进行仿真模拟。此举可以帮助医生对患者心脏进行更深刻的了解，避免正式手术时产生多余操作或出现失误动作，提高手术效率。

在开发导管、外科手术机器人等医疗器械的过程中，也可以采用该模型来制作样品，甚至可以用作医学生的实习素材。有了这款模型，医生既能看见心脏的内部结构，又能真实地触摸到纹理，直观地掌握心脏的复杂结构。Cross Effect 公司董事长竹田正俊表示："这款模型是一本立体的教科书。"

▶ 掌握、校正相关数据

心脏模型的制作过程如下。

首先，使用软件根据 CT 数据制作出 3D 模型的心脏数据（图 2-5）。除了心脏之外，CT 数据还会显示出周围的脏器、骨骼及脂肪等信息，但真正需要的只有心脏的数据。因此，需要去除心脏周围的脏器、脂肪、心包膜等无关数据，然后再对拍得不清楚的部位进行数据校正。

其次，心脏的 3D 数据制作完成后，要使用 3D 打印机对心脏进行建模。制作好的模型甚至可以精确再现血管、心室和心房等内部结构。

但是，此时 3D 打印机打印出的是硬质树脂模型，不能用于手术模拟，因为手术刀是无法切开硬质树脂的。于是，Cross Effect 公司以此为母模，使用硅酮材料制作出了模具，然后向模具内浇注了软质发泡聚氨酯树脂。该材料是专门用来做浇注的，

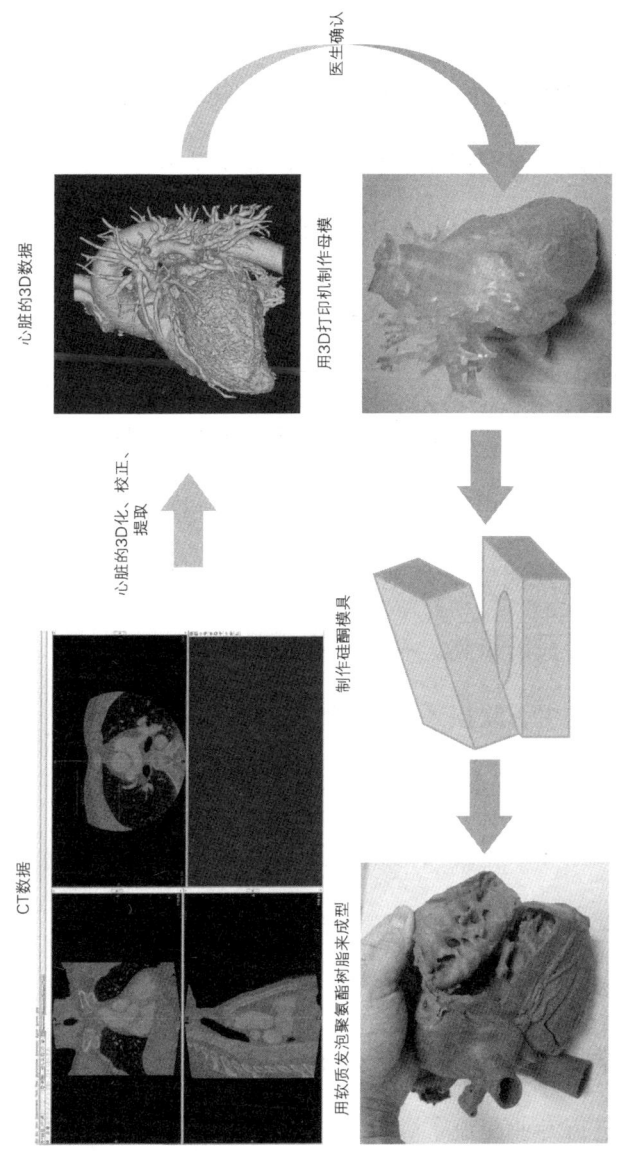

第二章
制造+医疗：制造业活跃于医疗领域的策略 〉 111

图 2-5 心脏模型的制作过程

首先，使用软件根据 CT 数据制作出 3D 模型的心脏数据。然后，在此基础上使用 3D 打印机对母模进行建模，制作硅酮模具。最后，将两组混合的软质发泡聚氨酯树脂倒入硅酮模具中，形成心脏模型。

浇注时两种液体混合后会固化。Cross Effect 公司就是采用这种真空浇注技术制作出了心脏模型。至此，心脏模型就制作完成了。做好的心脏模型造型十分逼真，甚至连心室内部及中空的冠状动脉都能完美再现出来。

竹田正俊说："开发中，最关键的部分在于数据制作和模具制作。"如上所述，根据 CT 数据制作出的 3D 模型需要进行进一步的数据选择和数据校正。研发人员必须能够清楚地判断出哪些区域是心脏，哪些是不需要的数据，看起来有空隙的地方是心脏疾病造成的组织缺损还是 CT 数据缺失。竹田表示："数据的筛选和校正工作需要具备专业的医学知识。"最初，Cross Effect 公司的研发人员与满口医学术语的医生交流起来非常吃力，花费了很长时间才做到无障碍沟通。据该公司介绍，开发负责人捧着医学书籍自学了很久的医学知识，现在已经可以用邮件与医生进行专业交流了。

▶复杂形状也可一次成型

此次只用一对硅酮模具和模芯，就一次性制作出了心脏模型。其中，硅酮模具用来复制心脏外观形状，模芯用来复制内部构造。这项技术也是 Cross Effect 公司的骄傲。要再现错综复杂的心脏很不容易，因为凹陷部位太多，所以无法轻松打开模具或取出里面的模芯。但该公司的软质心脏模型却可以一次成型、轻松取出，无须将模型分割成多个部分取出后再连接在一起。

心室及心房的内部结构是尤为复杂的"终极凹陷部位"。该公司采用的是消失造型法，即采用某种方法使内部模芯溶解掉（具体细节未公开）。目前，该公司从收到 CT 数据到交货，仅需 4~5 天。

Cross Effect 公司不仅能制作心脏，还可以根据订单需求的不同，制作出肝脏、肺等多种脏器。既有软质的模型，也有外侧用透明树脂制作、使内部结构一目了然的硬质模型，可按照不同用途提供多种生物学模型（图2-6）。

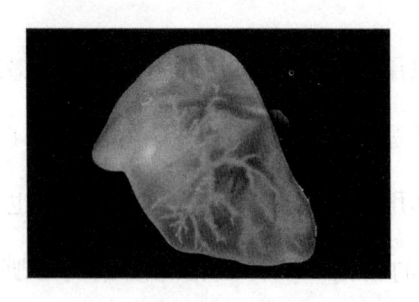

图 2-6　肝脏模型

用颜色区分开血管及胆管等部位之后，再用半透明软质树脂制作出整个肝脏。整个内部构造一目了然。

▶客户遍布多种行业，医疗只是其中之一

Cross Effect 公司之所以会开发心脏模型，是因为大阪国立循环器官疾病研究中心的一名医生在了解到该公司从事树脂铸模业务之后，便咨询能否用树脂材料复制出一名患有先天性心脏病（需要进行外科手术）的幼儿的心脏。

这名医生说，虽然可以利用CT数据在计算机屏

幕上看到三维心脏模型，但仅仅能看到还远远不够。为了加深对心脏的了解并在手术前进行相应练习，他很想购买一个可以进行手术模拟的心脏模型。此外，他还提出了一个难题：希望这种模型拥有与真实心脏十分接近的柔软质感。

这名医生称，约1%的幼儿出生时便患有先天性心脏病，其中约40%需要进行外科手术治疗。这名医生的想法是：为了避免对幼小的心脏造成负担，希望能够在手术之前验证一下能否以最短距离抵达患处。

Cross Effect公司一直以"打造全球最快铸模速度"为目标，承接电机行业的产品铸模业务。其客户早已遍布家电、娱乐用设备、工业器械等多种行业。在为各行各业的客户服务的过程中开发出来的技术，适用于多种领域。而且，正因为不依赖于某一特定的企业或行业，所以还能降低业务风险。

在为多种行业的企业提供服务的过程中，该公司也遇到了很多要求从复杂模具中顺利取出铸件的客户。竹田正俊说:"为解决客户难题而积累起来的技术,对心脏模型的开发起到了极为重要的作用。"

▶ **将模型升级为医疗器械**

以心脏模型为代表的各种生物学模型并非医疗器械,不受日本《药事法》的管束。不过正因如此,患者也无法报销这笔费用,导致这款产品很难推广。因此,Cross Effect 公司下一步的目标是使其升级为医疗器械。

具体而言,目前 Cross Effect 公司正与国立循环器官疾病研究中心联合推进一项临床试验,该试验可以定量评估使用心脏模型进行术前模拟后的手术效果。该公司计划在日本医疗费用改革制度实施之前,将心脏模型注册为医疗器械。为此,该公司已经开始申请医疗器械制造业许可。

竹田正俊还表示，Cross Effect 公司计划增加模型材料的种类。目前主要使用的模型材料是软质发泡聚氨酯树脂，能用的材料十分有限。如果可以用注塑树脂来制作，那么材料来源就会大幅增加。而且，如果可以用生物相容性树脂及生物降解性树脂等材料，心脏模型便可植入人体，广泛应用到模拟之外的其他用途中。

专栏2

Icomes Lab 公司：移液器+微型执行器
——采用微型树脂齿轮开发出笔形电动移液器

拥有极小的齿轮——"微齿轮"注射成型技术的 Icomes Lab 公司（总部位于盛冈市）也打算以非医疗器械为立足点，加强在医疗和生命科学市场的事业。该公司开发的电动移液器"Pipetty"主要用于医药、生物研究、检查分析等领域（图2-7）。"Pipetty"是"世界上第一支笔形电动移液器"（该公司董事长片野圭二），细长的机身下方设置有触发按钮，操作的时候可以用握笔方式按下开关。电动移液器"Pipetty"重量仅有70g，比海外同类产品轻得多，能轻松进行微量的精密操作。同时，它还具备一次吸入、多次分注的"连续分注"功能（最多可达25次）。它采用驱动精度较高的制动器为泵，所以"与现有产品相比，分注的精度较高"（片野圭二）。

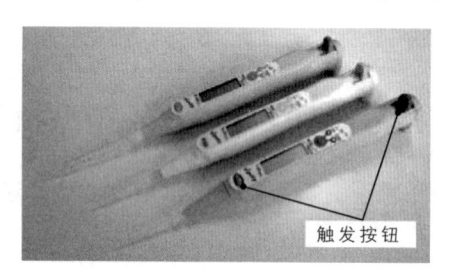

图2-7 笔形电动移液器"Pipetty"

以往的电动移液器的使用方法是：用拇指以外的四根手指握住机身，拇指按压后端的触发按钮。而"Pipetty"在原来的基础上添加了食指触发按钮，从而提高了工作效率。

平价且精度高

Icomes Lab 公司开发的这款"Pipetty",其核心技术是使用了齿轮极小的树脂制动器(图 2-8)。该微型制动器可以制造最小外径为 1mm、模数[①]为 0.055 的齿轮。片野圭二说:"这应该是世界上体积最小、耐久性最强的树脂齿轮。"

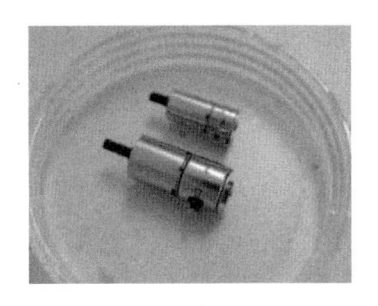

图 2-8 使用神秘行星齿轮制成的微型制动器

该图片显示的是直径为 8mm 和 6mm 的微型制动器。此外,还有直径为 4mm 的正在量产。其减速比约为 1/80。

该公司使用这种微型齿轮制成了秘密武器——在一个阶段(一对输入轴和输出轴)内最大可减速

---

① 模数:表示齿部大小的指标。它是齿轮的分度圆直径除以齿数得出的值。两个齿轮咬合时,采用同一模数。

至 1/100 的行星齿轮。以这款行星齿轮为主轴，其周围可以咬合 2 个以上的转位齿轮。这些行星齿轮和转位齿轮就组合成了内齿齿轮。

减速比为 1/100，意味着输入轴旋转 100 次，输出轴才旋转 1 次，因此这种齿轮结构十分适合精密控制领域。一般来说，行星齿轮的传递效率（输出扭矩与输入扭矩之比）较差，因此很多人认为不实用。但如果不需要较大的输出扭矩，行星齿轮还是比较适合小型产品的。

此外，由于"Pipetty"属于树脂注塑成型类产品，因此其还具有价格低的优势，比用半导体制造工艺中的光刻技术制造的金属微型齿轮便宜近十倍。

没有大公司插手

以前，该公司的微型制动器主要用于激光测量机的光圈/快门调节机构、空气阀的流量调节阀等光学装置和工业机械零件中。为了扩大业务范围，也为了能用公司开发的技术真正做出属于自己的产品，

Icomes Lab 公司将目光投向了医疗等生命科学领域。

但是，医疗器械领域的门槛很高。在探索过程中，Icomes Lab 公司发现了电动移液器的商机。由于电动移液器的市场需求有限，因此大厂商很少介入，但却很适合 Icomes Lab 公司这样的中小企业。

尽管如此，开发电动移液器依然需要与医疗机构合作。"制造公司如何与医生或医学研究机构合作是关键"（片野圭二）。Icomes Lab 公司加入了当地的医疗器械研究会，得到了一些建议，还向当地的岩手医科大学等提供了试制品，让他们试用，并最终开发出电动移液器这一最终产品。片野圭二说："现在，我们终于能够与医疗机构等终端客户接触，在感受市场需求的基础上开展业务了。"

今后，Icomes Lab 公司计划面向海外销售相关产品。

03　二九精密机械工业：腹腔镜手术器械+钛加工

——利用精细加工技术，开发可自由移动的手术用具

二九精密机械工业（总部位于京都市）专门从事β钛合金①的精密加工，近年来正稳步扩展医疗器械加工业务。该公司最初专注于工业仪器和分析仪器的精密零件加工，现在则专注于医疗器械加工。医疗器械和分析仪器开发已成为二九精密机械工业的核心业务，近三年来在该领域的投资已达10亿日元。

2013年9月，在德国的国际尖端医疗技术学会

---

① β钛合金：具有体心立方（β相）晶体结构的钛合金。获取方式是将钛高温加热至β相的状态后再急速冷却。具有强度高、弹性模量低的特点。

(SMIT)上,二九精密机械工业发布了一款与外科医生合作开发的、利用β钛合金加工技术制作而成的特殊手术钳,成为大会关注的焦点。

▶独一无二的手术钳

这款特殊的手术钳是一种单孔式内窥镜手术钳,通称"Doraco"(Double Rainbow Cooperator,双虹手术助手),是与 Medical Topia 草加医院院长金平永二共同开发制作的。通常,手术钳的柄呈笔直状态,"Doraco"却有三处弯曲,且夹住患处尖端的部分可以旋转(图2-9)。这款全球首创的手术钳的创意来自金平永二。他希望开发出来的手术钳能在空间有限的腹腔中自由移动,从而减少手术的创痕。通过操作手柄来控制三个弯头的角度,可以在不干扰复杂的内部器官或其他手术器械的情况下抵达患处。

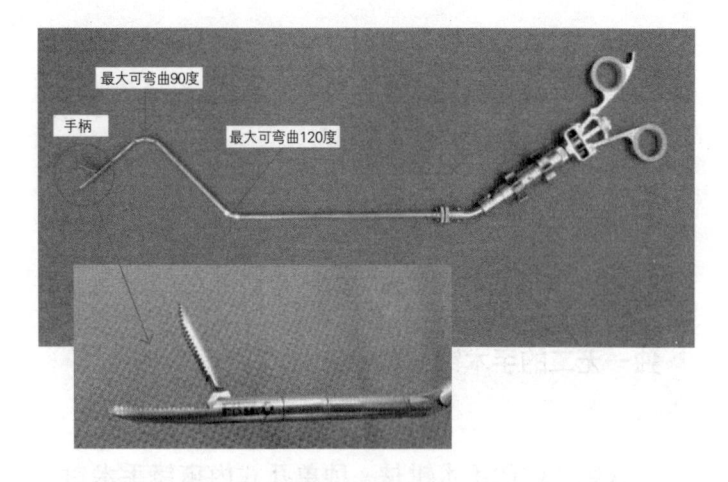

图 2-9 二九精密机械工业开发的用于腹腔镜手术的钳子

图中有三处弯曲,其中的旋转前端手柄处也可弯曲。以上均可在眼前操作。

在直径为 5 毫米的不锈钢管中内置有带细缝的、能弯曲的 β 钛柔性管,但 β 钛管中还装有控制尖端开合的控制棒和带动关节弯曲的镍钛合金导线。内置的 β 钛管具有高耐腐蚀性和柔软性,当一端旋转时,另一端也会弯曲旋转,如此便实现了手柄的旋转操作。

▶以技术横向拓展为发展之路

但是,二九精密机械工业并未考虑将"Doraco"作为产品推向市场。该公司的目的是"将开发过程中培育出来的技术应用在多个领域"(二九精密机械工业董事长二九良三)。

实际上,二九精密机械工业直接与临床医学开展合作研发尚属首次。据说,当初面对金平永二拿来的简单绘图,聆听他所说的"我希望这里和这里是弯曲的,这个尖端要能旋转"等模糊的要求时,二九良三很是苦恼,不知道要通过什么样的机制才能实现这些要求,也很难将这些要求转化为设计数据纳入到图纸中。

此次合作开发的成功扩大了该公司的业务范围。如今,二九精密机械工业正在与大型制造商讨论将"Doraco"的结构运用到外科手术机器人的机械手[①]

---

① 机械手:指机器人的手臂部件或手部部件。

中。近年来，二九精密机械工业与医疗器械制造商的交易额逐年增加，并于 2014 年秋天获得了"ISO 13485"认证。

二九精密机械工业接触医疗产品开发业务的契机始于医疗器械制造商的要求。在医疗领域中有一种称为移液器的器具，可以从采血瓶中吸取血液。而吸取血液就要用到导管，制造商们想要的，就是一种不易生锈、有弹性且强度高的超细管（图 2-10）。

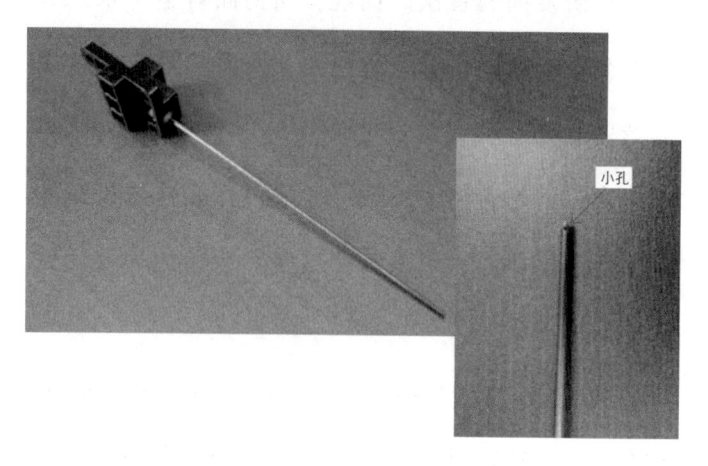

图 2-10 用于血球计数装置的移液器

该移液器通过拉伸 β 钛管制成。其前端呈针状，侧面留有吸入血液的小孔。移液器外侧部分还进行了特殊加工，以减少与装有血液的瓶顶橡胶之间的摩擦。

二九精密机械工业最擅长的 β 钛加工技术，正好派上用场。β 钛不易发生塑性变形且弹性模量较低，即使弯曲也能立即恢复到原来的形状。而且，它的强度很高，不易弯折。

但是，将 β 钛制成移液器的过程并不容易。仅在长 500mm、直径 18mm 的 β 钛圆棒的中心开一个直孔就花费了两年的时间。而要制作移液器，还必须将其进一步拉伸，直到直径拉伸至 1mm~2mm。这一步又花费了半年左右的时间。技术成型之初，成品质量很不稳定，每一批次的硬度都不一样。而且由于加工步骤繁多、加工条件苛刻，很多承包商都敬而远之。最后，二九精密机械工业采用定制机制，自行加工，终于找到了合适的处理条件并获得了质量稳定的移液器。走到这一步，是在 2009 年。

最终，该产品被一家大型制造商看中，将其用在血球计数装置[1]上。此前，该计数装置的移液器一

---

[1] 血球计数装置：测量血液中的红细胞、白细胞、血小板等成分的装置。

直使用的是不锈钢管,而β钛管的优势就在于破损率小,更换频率较低。由于使用β钛管的计数装置不再需要频繁更换,因此该器具的布局自由度大大增加,整体尺寸也变得更小了。

▶凭借独特的技术进军医疗领域

二九精密机械工业凭借着独一无二的β钛加工技术,在业内广受好评,并以此打开了医疗器械开发市场。"Doraco"就是在这个阶段出现的①。二九精密机械工业按照那几张简单的图片和模糊的要求,凭借着其强大的金属加工技术,在短短七个月内就开发出了金平永二想要的手术钳。

即便如此,二九良三仍然认为"一家制造公司

---

① "Doraco"的开发源于一个了解二九精密机械工业β钛加工技术的媒体人士。是他将这一技术引荐给了单孔腹腔镜手术权威、外科医生金平永二。

专门从事医疗器械加工并不是一个好主意"。他也不打算成为专业的医疗器械制造商。

"廉价地制造一些与别人相同的东西是很无趣的。作为一家制造公司，我们的宗旨就是做其他公司不做的事情。"（二九精密机械工业）而这一宗旨催生了β钛加工技术，并为二九精密机械工业进入医疗市场提供了立足点。

尽管与医疗器械有关的各类加工业务一直在增加，但是因为医疗器械生产繁杂且有许多法律法规需要遵守，所以二九精密机械工业只准备以加工者的身份进军医疗领域。

04　Techno Science 公司：人工呼吸器+测量/防御

——无形利基产品，切实将空气输送到肺部

即使不是医疗器械制造销售企业，也可以通过委托生产的方式进入医疗器械市场。在地方医工合作组织的支持下，Techno Science 公司（总部位于静冈县沼津市）与东京的医疗器械制造销售企业展开合作，开发出了全新的人工呼吸器附属装置。

该公司开发的"CUFFSCATS"可使人工呼吸器的"球囊"处适当膨胀，属于即使发生故障对人体的危害也较低的 I 类医疗器械（一般医疗器械，图 2-11）[①]。

该公司的委托生产业务开端良好，销售额呈稳

---

① 销售由医疗器械制造商福田公司负责。

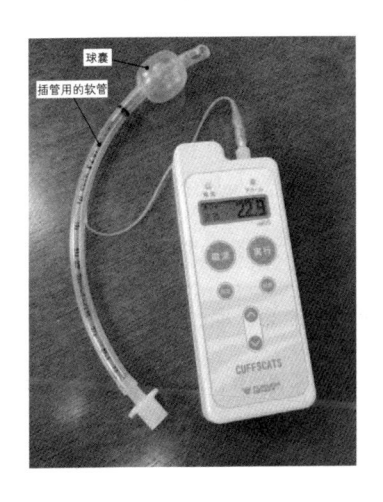

图 2-11 Techno Science 公司开发的 "CUFFSCATS"

处在人工呼吸器插管顶端，能自动控制球囊内部的气压。

步增长态势。除了后继产品之外，Techno Science 公司还着手开发其他医疗器械，努力拓展公司在医疗器械领域的业务。

▶减少临床现场的工作

"球囊"是指插入呼吸道的软管（插入型软管）前端的小型树脂气球。以往的产品只有一根软管，没有设置球囊。当医护人员把软管插入患者呼吸道时，软管和患者呼吸道内壁之间存在的缝隙会将人工呼吸器好不容易送入患者呼吸道内的空气从患者呼吸道内壁和插管之间的缝隙里逆流排出，导致空气无法充分抵达肺部。而新开发的这款球囊，膨胀后会堵住插管和呼吸道内壁之间的缝隙，能够防止空气逆流（图2-12）。此外，球囊还有防止误咽①、预防肺炎等作用。

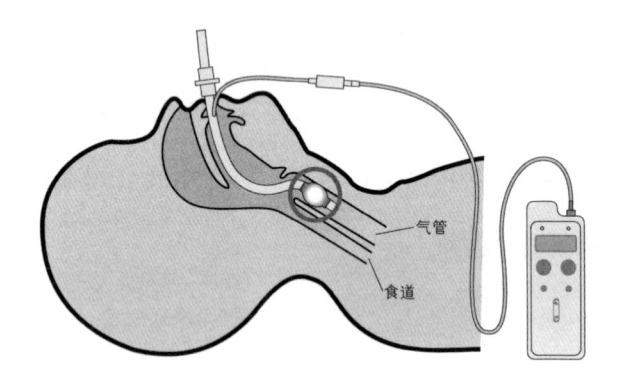

图2-12 球囊的功能

人工呼吸器通过软管将空气送入患者的呼吸道。球囊膨胀起来时，如同在呼吸道内盖上一个盖子，使送进呼吸道的空气不会逆流回患者的口腔。球囊膨胀状态下，最佳压力值应在25mmH$_2$O左右。

---

① 误咽：误将食物、异物等咽入气管。

但是，球囊并不是膨胀起来就可以了。如果膨胀压力过大，会压迫气管内壁，导致组织坏死。因此必须定期检查，确定压力是否适当。球囊的功能就如同盖子一样，当患者移动身体时，呼吸道形状会发生变化，这个"盖子"也会随之活动，导致无法很好地阻止空气逆流。而当球囊内的空气量不足时，压力也会随之下降。

在很多临床实践中，医生都是用注射器向球囊内输送空气的，其输送的标准是使球囊"达到耳垂的硬度"。此外，也有用带压力计的手动专用泵输送空气的。无论是哪种情况，都必须定期进行检查。

而"CUFFSCATS"只需要把从球囊中伸出的细管连接到机身即可，按下开关，就能达到适当的压力。这样一来，医生的双手就彻底解放了，无需一边确认压力表，一边进行手动调整。如果压力值降到标准范围以下，"CUFFSCATS"还会发出警报，因此还可以把它安装在患者床边，以便随时监测。

▶充分利用地方医工合作组织的作用

Techno Science 公司是一家专门从事电子设备的电路设计、控制设备设计,以及分析仪和驱动设备的开发业务的公司。其在电子设备和控制设备方面有着丰富的经验,对自身的测量和控制技术充满信心。但是迄今为止,Techno Science 公司与大型制造商的合作都是以委托开发、样机制作为主的,还从未开发过自己的产品。

当 Techno Science 公司意识到需要开发自己的产品来扩展业务、萌生出自己开发产品的想法时,恰逢当地的医工合作机构组织了一场促进当地医疗专业人员之间合作的活动——"Pharma Valley Project(医药谷项目)"①。在这次活动中,Techno Science 公司收到了有关医疗器械开发的咨询。富士宫市立

---

① 旨在促进该地区(主要是静冈县东部)制药和医疗器械行业的发展。

医院的一名临床工程师发布需求称，他们需要一种球囊压力控制装置。

"我们瞄准的是能充分发挥我们的优势技术，且大型制造商没有涉足的领域。"（该公司董事、设备部部长高田诚）高田诚认为中小型企业在这样的项目上是有竞争力的，因此他举手响应了这个需求。

开发机制是这样的：Techno Science 公司负责产品开发和制造，医疗器械销售制造企业 Skynet 公司（总部位于东京）负责药事法等法务、临床实践的指导和产品的商业化等事务。医药谷中心担任协调员，协调相关公司和医疗机构的关系。

在 Skynet 公司和医药谷中心的协调帮助下，Techno Science 公司在做市场调查时发现，当时市面上、至少在日本市场上，没有球囊压力自动控制装置在售卖。于是，Techno Science 公司无法了解该产品是否真的有市场需求。高田诚说："说需要这样的装置，是某些医生或技术人员的个人想法。其他人可能并不需要用它。因此，我们需要仔细分析市场上对这种产品是否存在普遍需求。"最后，在 Skynet 公司的建议下，Techno Science 公司认为该产品具有一定的市场，2010 年正式开始开发。同时，为进军医疗器械市场，Techno Science 公司还对公司内部进行了调整，并于 2011 年获得了医疗器械制造业许可。

▶不贪心，只做单一功能

在研讨阶段，"临床方面希望该产品能添加进各种相关功能"（高田诚）。在掌握了临床需求之后，Techno Science 公司与 Skynet 公司一起讨论，确定了产品应该具备的功能，最后将范围缩小到"将球囊压力控制到适当值"这个单一功能上。高田诚说："在确定需求和应对《药事法》等方面，Skynet 公司和医药谷中心为我们提供了很大的帮助。"

在 Techno Science 公司推进产品技术研发的同时，Skynet 公司开始评估该项业务的可行性并研究如何遵循《药事法》的相关规定。2012 年 10 月，一个地方医工合作协调机构组成的财团将其推向市场，实现了商业化。可以说，这是一个成功的例子，与"制售驱动型"医工合作模式已经十分接近了。

Techno Science 公司计划以此为立足点，来扩展其在医疗器械领域的业务。该公司董事长日吉晴九表示："现阶段，要成为一家医疗器械制造商的企业实在太多了。如果我们拥有 3 年以上的医疗器械制造行业经验，那么获得医疗器械制造业许可将会更加容易。这就是我们公司下一步的发展方向。"他还说："如果医疗器械业务的销售额能持续上升，我们将专门为它成立一个销售部。"

05 Syntec公司：骨折修复用缆线+电线加工

应用便携式天线技术，牢固固定骨折部位

Syntec公司（总部位于福岛县磐城市）是一家拥有11名员工的风险投资企业，专门从事金属加工和表面处理。该公司利用日本经济产业省主办的"应用型医疗器械开发项目"独自开发了一些医疗器械。同时，该公司也在努力通过获得医疗器械制造销售业许可的方式来扩大业务范围，扩充生产设施，为发售新产品做准备。

Syntec公司开发了一种"Velosink缆线"（图2-13），能够通过缠绕的方式对骨骼、脊椎等部位进行固定，帮助骨折部位愈合。由于该电缆需要嵌入人体，一旦发生状况，就会对人体造成较大伤害，因此属于"Ⅲ类"医疗器械。

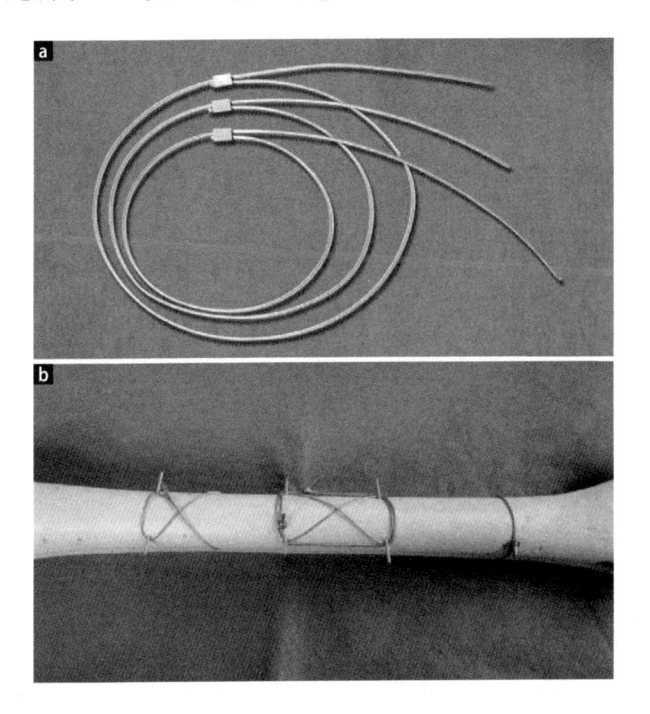

图 2-13 Syntec 公司开发的促进骨折部位愈合的固定缆线

（a）Velosink 缆线由超细钛（Ti）合金线绞合而成。（b）缠绕在脊椎、大腿骨等骨折部位进行固定。

Velosink 缆线由超细钛（Ti）合金线绞合而成，具有一定的伸缩性和径向塌陷的特性，因此与骨折部位的贴合性较强，即使经过较长时间，也能保持跟随状态,"就像用橡胶圈固定了一样稳定可靠"(Syntec 公司)。据估计,仅在日本,每年就有约 50 万人需要用缆线来固定骨骼,这一领域的市场需求约为每年 150 亿日元。该公司计划通过 Velosink 缆线进入该市场,目标是占领 10% 的市场份额,同时实现每年约 15 亿日元的销售额。

▶ **独特的中空结构**

从横截面来看,Velosink 缆线与常规的骨折固定缆线之间的区别是显而易见的。Velosink 缆线所用的材料与常规缆线一样,是医疗专用 64 钛合金"ASTM F136"(Ti-6A1-4V),但其内部构造却完全不同。普通缆线的构造是在芯线周围配置有另外 6 条细线,共同捆绑在一起成为一根缆线。而 Velosink 缆线是中空结构,所有细线是同心排列的(图 2-14)。目前,该产品开发出了两种型号,一种直径为

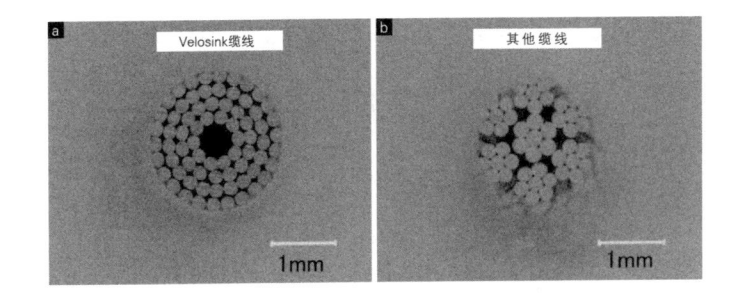

图 2-14　Velosink 缆线与其他缆线的横截面对比图

（a）Velosink 的缆线直径均为 2mm。它是中空型构造，多条细线围绕中空部分形成同心圆结构。（b）其他缆线是在芯线周围围绕 6 根细线，7 根线为一小束，7 小束为一根。

1mm，另一种直径为 2mm。前者是将直径为 0.14mm 的 30 根细线围成 2 圈，后者是将直径为 0.18mm 的 72 根细线围成 4 圈。

拉伸缆绳时，Velosink 缆线中空部分的空间被压缩，从而产生了其他缆线所没有的弹性。而且，当缆线缠绕到骨折部位时，它会与骨骼和周围组织形成较宽的接触面和贴合面，从而减小患处的负荷。

其他电缆不但没有伸缩性，而且如果缠得过紧，还会与骨骼和周围组织形成接触点，从而产生较大的压力，让患者感觉疼痛。严重的情况下，甚至会造成周围组织坏死。Velosink 缆线很好地解决了这一难题。该公司董事长赤津和三说："将多条细线围成同心圆结构十分困难，因为市面上没有设备可以进行此类加工。"所以，Syntec 公司又独自开发了缆线加工设备（图 2-15）。

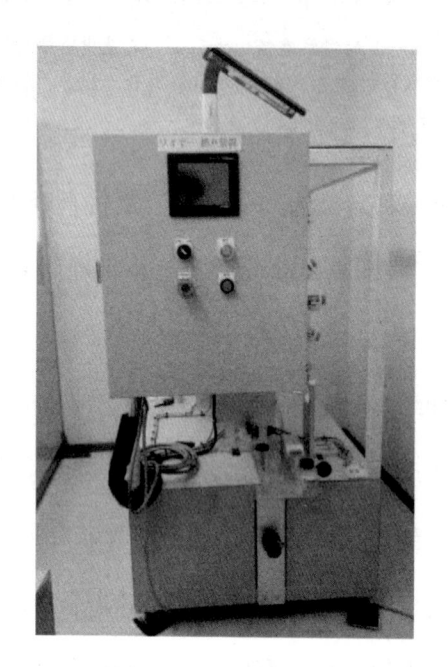

图 2-15　Syntec 公司开发的缆线加工设备

该公司自主研发的可以绞合多股缆线的加工设备。

▶手机天线技术开发中得到的灵感

  Syntec 公司原本是从事金属加工业务的，一般的业务来源是电器制造商和金属制造商。例如，该公司生产的代表性产品中，有一种大制造商委托其生产的手机抽拉式天线。该天线使用的是镍钛（Ni-Ti）系列形状记忆合金，而镍钛合金是一种十分难以加工的金属。Syntec 公司历时半年左右开发出了将镍钛细管前端进行异形加工的技术，累计生产了大约 1.2 亿个产品。

  以此为契机，Syntec 公司又将该技术应用到牙科领域，开发出用于牙齿序列矫正的镍钛线。镍钛线结实耐用，很适合用于牙齿矫正，但因为镍钛合金是黑色的，所以佩戴的时候比较显眼，会影响美观。而且，长期佩戴的话，唾液中的酸会将合金中的镍溶解掉。因此，该产品具有一定的局限性。

  于是，Syntec 公司又独自开发了一项在镍钛合金上实施铑电镀工艺的技术，使其外观呈现出不显眼的白色,同时又具有耐腐蚀的特性。镍钛合金是因为容易发生氧化作用而发黑的,因此只要进行电镀,阻止其形成氧化皮膜即可。最后,通过一步步的探索,镍钛合金线终于上市了。

事实上,Syntec 公司开发 Velosink 缆线与这些开发经历都有着密切的联系。在接受手机天线加工的订单时,出于尝试的心态,Syntec 公司开发出了一款伸缩性较强的缆线。该缆线由 14 根直径为 0.76mm 的极细镍钛合金线组成,伸缩性非常强,最大延展率可达 50%。它最初是用在项链等珠宝首饰上的,但是赤津和三突发奇想:是否换个材料,就可以运用到医疗领域呢?于是,赤津和三便用医疗专用的 ASTM F136 细线试着制作出了同样的缆线。

▶先进行市场分析和专利分析

"这个很有趣啊!"赤津和三把开发出的缆线带

到福岛县立医科大学，听取了专家的意见，得到了一致好评。为了验证其能否用于制作骨折固定缆线，Syntec 公司申请了应用型医疗器械开发项目，获得了补助金，以正式投产为目标开始了技术研发。

但是，单有先进的技术并不代表就能贸然开始开发。开发前，需要分析现有同类产品的供货实绩和相关专利的获取情况。

制作专利技术图，仔细分析、研究要开发的产品与现有电缆的差异化因素，在判定有市场前景的前提下才能进行开发。在申请日本经济产业省的项目时，审查负责人说："很少有企业能调查到这种程度的。" 2013 年，Syntec 公司依据《专利合作条约》（PCT）[①] 申请了国际专利。

同时，因为 Velosink 缆线与现有产品结构完全不同，导致现有的紧固工具无法拧紧它，所以 Syntec

[①] 《专利合作条约》：为了简化手续，避免向多个国家提交专利申请而制定的条约。该条约规定，无论向条约同盟国中的哪个国家提交申请，都等同于向所有同盟国提交了申请。

公司又开发出了 Velosink 缆线的专用缠绕紧固工具——"Tensioner（紧线器）"（图 2-16）。紧线器的工作原理是：缆线一端有一个被称为"环"的金属孔，把另一端从这个金属孔中穿过，此时缆线已成环状，可一边拉动缆线，一边紧固。最后，用其他工具将前端的环压扁，使环不能松动，就固定住了。

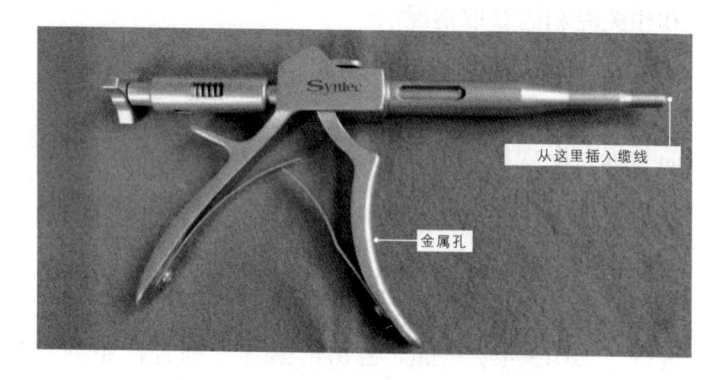

图 2-16　Velosink 缆线专用紧线器 "Tensioner"

把缠绕在骨骼上的缆线从前端穿到后端。捏一下把手，缆线便会一点点向后移动，形成环形的电缆也会随之被拧紧。

拉动缆线时通常需要将电缆夹在中间来固定，但 Velosink 缆线具有径向塌陷的特性，用传统的紧线器很难固定住。针对这一点，在开发专用紧线器时，Syntec公司在手柄的构造上下了很大工夫[1]。此外，为了让紧线器更方便临床使用，Syntec公司把手柄做成了手枪一样的形状，在握手柄的同时，环状缆线会逐渐收紧。据说，这一构造比以往的同类产品更具操作性。

▶下定决心获得许可

实际上，Syntec公司一开始的设想是专业从事医疗器械的制造工作，向医疗器械制造销售业供应Velosink缆线。但在补助金审查阶段，Syntec公司听从了审查员的建议，将公司发展方向改为进军医疗器械制造销售业。因为加入医疗器械制造销售行业除了能让独立自主性更高之外，还能受到审查方的推动。"一开始不明白的事情太多了，局面很难打

---

[1] 做成了从周围四个方向都可以进行挤压的结构。

开。"(赤津和三)

　　Syntec公司完全不熟悉《药事法》。公司内部应该建立怎样的体制、需要提交什么样的文件、审查方对所提交的文件都有什么样的要求等，对他们来说这些都是难题。好在日本地方政府专门开设了网站，提供各种信息方便域内企业申请制造销售许可。赤津和三一边上网学习，一边接受顾问的指导。2013年2月，Syntec公司终于获得了"ISO 13485"许可。同年5月，又获得了医疗器械制造销售业许可。

　　自从取得了许可之后，经营起来就容易多了。因为只要有了许可，质量管理和安全管理就有了保障，更容易获得医疗器械制造商们的信任。而正因为是知名度低的风险企业，所以取得许可后，好处也就更多一些。

　　目前，Syntec公司正致力于牙齿矫正专用的金属配件的加工。新工厂建成后，其增加了工人人数，引进了新的生产设备和检测设备。

06 医疗加工技术动向

——利润空间较大的植入物加工，难切削材料、单品、5轴，三个条件缺一不可

植入物是指为治疗生病或受伤的病人而埋入人体的物品。它是髋关节、膝关节等人造骨骼及牙桥的总称。除了这种植入物外，用于固定骨折部位的钢板和骨螺钉等金属、陶瓷医疗零部件也引起了日本加工制造商的广泛关注（图2-17）。

关注的原因是植入物的附加值较高，根据零部件的不同，其最终价格在10万~100万日元不等。"除去材料成本，仅加工零部件就可以达到每小时10万日元的价格。"［中村留精密工业（总部位于石川县白山市）营业本部常务董事木越清彦］尽管植入

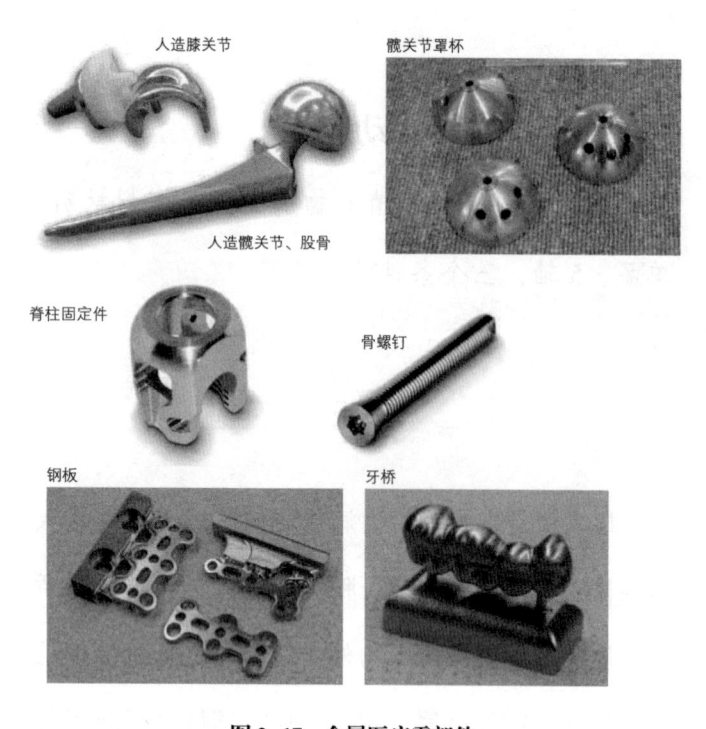

图 2-17　金属医疗零部件

用钛合金、不锈钢等难切削材料加工而成。

物的出货量小于汽车零部件，但对于汽车零部件等加工制造商而言，这是一个令人垂涎的领域。因为在植入物制造领域，每件的利润率以万日元计的现象一点也不稀奇。

尽管植入物的商业化并不容易，但由于零部件加工制造商有着长期以来积累的加工技术和专业知识，因此市场也需要这些新加入者。但是，加工医疗零部件与加工汽车金属零部件不同，需要具备一些特殊的条件。

▶难切削的无垢材及复合加工机

加工医疗零部件需要具备以下三个条件：(1) 工件要使用难以切削的材料；(2) 需要单件加工；(3) 需要具备5轴同时加工的技术以切割复杂的形状（图2-18）。具体要求如下：

(1) 工件要使用难以切削的材料。难切削材料指的是钛合金［包括纯钛、64钛合金（Ti-6Al-4V）、无钒（V）钛合金等］、不锈钢、钴铬钼合金、陶瓷等材料。这些材料与汽车零部件常用的钢、铝（Al）合金等易切削金属有着很大的不同，因此需要不同的切削条件。

(1) 工件要使用难以切削的材料

(2) 需要单件加工

(3) 需要具备5轴同时加工的技术

图2-18 加工医疗类零部件应具备的三个条件

(2) 需要单件加工。单件加工是指从无垢材中逐个雕刻出所需产品。单件雕刻加工可保证产品表面没有缝隙，从而防止细菌侵入。而且，此类加工方式无须制造或锻造模具，因此也能降低成本。它与汽车零部件加工的不同之处在于，汽车零部件更注重成本和时间，往往通过近净成形加工方式（或称近终型加工方式，指尽最大可能切削出最接近目标形状的加工方式）来量产相同尺寸和相同形状的零部件。

(3) 需要具备5轴同时加工的技术以切割复杂

的形状。5轴同时加工是指切削含曲面等复杂形状的工件。而5轴同时加工需要一种将加工中心（MC）和车床整合为一体的复合加工机或5轴控制中心①。想要加工更多类型的医疗零部件的时候，也需要用到这种复合加工机。复合加工机的优势在于，一旦工件被固定（夹紧），直至加工结束都无须再执行任何操作。与多次重新夹紧的方法相比，复合加工机可以减少安装失误，轻松确保加工精度。用一个单元就可以进行铣削（用旋转工具切割）和车削工作，因此占地面积小，工艺管理更加容易。与单功能的多台加工机相比，该复合加工机只需一个工人操作即可。同时，由于只有一个操作系统，因此编程和机器操作相对而言都更简单。

---

① 具体说来，5轴控制中心的优势在于生产效率，而复合加工机的优势在于加工的应对能力。例如，在制造骨螺钉等需求量大的产品时，5轴控制中心更适合。而想要既能制造医疗类零部件又能制造汽车零部件、产业机器、飞机零部件时，复合加工机更适合一些。

▶人造髋关节的切削过程

在人造骨骼中,需求量最大的当属髋关节、股骨和膝关节(图2-19)。其中,较昂贵的是人造髋

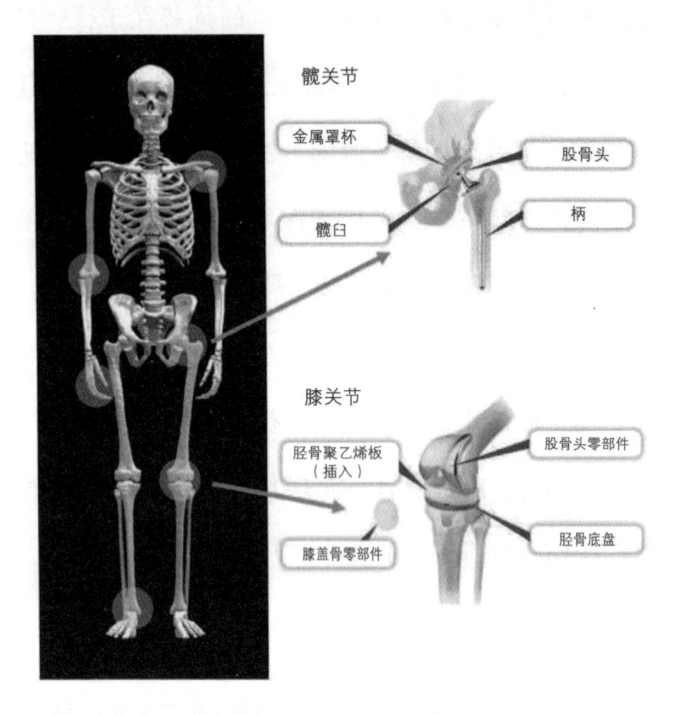

图2-19 需求量较大的人造关节

在人造骨骼中,需求量最大的当属髋关节、股骨和膝关节。(图片来源:东京大学工程学研究生院机械工程学教授杉田直彦于2014年5月27日在日本机械工程师学会上发表的《定制型医疗保健领域的机械技术》一文)

关节和人造股骨。我们以一个俗称为"柄"的部分为例,来了解医疗零部件的制作过程。"柄"一般被用来插入股骨髓腔内,它同时也是髋关节的一部分(图2-20)。加工这个零部件所使用的机器是松浦机械制造所(总部位于福井县福井市)的MC复合加工机"CUBLEX-35"(图2-21)。

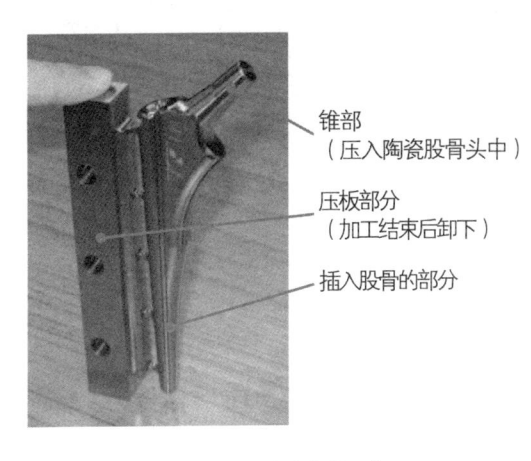

图 2-20　人造髋关节中的"柄"

"柄"由64钛合金制成。锥部被压入陶瓷制成的人造骨中,另一侧(下端)则被插入股骨中。

加工"柄"时选用的是厚度约为15mm的64钛合金板材(无垢材),以将长边垂直于地面的方式、稍稍倾斜的角度将板材夹持在机床上。

图 2-21　松浦机械制作所的 MC 复合加工机 "CUBLEX-35"

除铣削和车削外，还具备磨削功能。价格为 4980 万日元（不含税）。

切削从粗加工开始。使用直径为 12mm 的超硬合金立铣刀，以 2100rpm 的转速雕刻出大致外形。此时应注意将工具的转数保持在较低的水平。尽管根据刀具直径的大小其转速可能有些不同，但粗加工时的转速一般都要保持在 1000~2000rpm 的低转速范围内。

原因是这种工件材料的特性与一般金属是不一样的。钛合金有黏性且导热率低，因此切割过程中很容易升温。如果进行高转速切削，就会因升温过快而磨损工具，导致加工作业无法顺利进行。因此，只能保持低转速进行加工。

与难切削的钛合金材料相比，钢和铝合金切削起来会容易一些，而且钢和铝合金的导热率也要高一些。以高转速进行切削作业时，切屑会自行飞出，带走热量的同时也提高了切削效率。粗加工阶段的转数问题是其与汽车零部件加工最大的不同点。

接下来是半精加工工序。此时需要使用直径为6mm的超硬合金立铣刀以15000rpm的转速进行精细切削。

最后是精加工工序。这步工序转速依然保持在15000rpm左右，但切削工具要换成直径为4mm的超硬合金立铣刀。半精加工和精加工工序之所以可以用到高转速，是因为半精加工和精加工的切削量较小，产生的热量也较小,被切削的部位不会过热。

到了这一步,普通的复合加工机就算完成了任务。如果有需要,有些工件还会用研磨机进行抛光处理。但是,松浦机械制造所生产的"CUBLEX-35"却无须如此。"CUBLEX-35"已将研磨功能作为标准功能进行了程序设置,因此该复合加工机可以一边切削,一边研磨,直至柄的顶端(锥部)外周都被加工完毕为止。

锥部是要插入陶瓷制成的半球状股骨头(属于髋关节的一部分)里的。锥部插入后,髋关节和柄就合为一体了。此时对锥部的精度要求很高,一般指标是表面粗糙度(中心线平均粗糙度,Ra)需在 $0.1\mu m$ 以下,尺寸精度要在 $5\mu m$ 以下。如果精度不达标,可能会导致术后股骨头和锥部之间形成间隙甚至脱落。因此,松浦机械制作所使用了直径为 40mm 的研磨工具,以 15000rpm 的转速转动,以将锥部的外周表面研磨光滑。

至此，经过 4 小时 29 分之后，柄部终于加工完成了。

▶ 与汽车零部件天壤之别的精度要求

"医疗类零部件加工要求的表面粗糙度和尺寸精度与汽车类零部件的相关要求之间相差了 1 个数量级。"DMG 森精机的大客户经理、医疗类产品负责人 Uli Sutor 如是说。

在汽车零部件的加工中，表面粗糙度最多在数微米，尺寸精确度则在数十微米。但医疗类零部件却并非如此。即使是人造骨骼，对其表面粗糙度也有严格要求。膝关节部位的人造骨（股骨零部件），表面粗糙度必须控制在 0.6μm~0.7μm。即使是对精度要求相对较低的医疗器械，所要求的尺寸精度也一般以 μm 为单位。因此，制造金属类医疗零部件必须使用难切削材料实现高精度加工，这是与汽车零部件差别最大的地方。

▶ **高刚性机床**

各机床制造商也在紧锣密鼓地开发高刚性机床,以满足将难切削材料高精度加工成医用零部件的需要。例如,中村留精密工业开发出了一款车床复合加工机——"Super NTMX"。当铣削主轴靠近工件时,支撑主轴的立柱就会向前移动。此外,负责承载、移动立柱的两个滑块之间的距离及宽度都增加到了原来的1.2~1.5倍,以提高稳定性。

普通的机床上,滑块只负责移动主轴,而"Super NTMX"的这种新设计,确保了其比普通复合加工机更具刚性。因此,复合加工机"比同类产品重3~5成"(中村留精密工业的木越清彦)。

山崎马扎克公司(总部位于爱知县大口町)在该公司中最畅销的车床复合加工机"INTEGREX i-

100s"上配置了第二铣削主轴,以满足医用零部件加工客户的需要(图2-22)。其主体延续了30号刀具尺寸(刀架较为紧凑的结构),同时又装载了40号铣削主轴,提高了切削能力。据此,主体刚性也得到了相应提升。

除了提高刚性之外,各机床企业还打出了自己的特色。例如,山崎马扎克公司在先前的复合加工机中

图 2-22 山崎马扎克公司车床旋盘复合加工机
"INTEGREX i-100s"

机身紧凑,同时搭载了1级以上的铣床主轴,还可以利用交互式NC装置轻松制作程序。价格为3850万日元(不含税)。

配备了方便快捷的交互式 NC 装置"MAZATROL matrix2"。通常情况下，操作复合加工机需要学习专用程序，但这款交互式 NC 装置可以以提问的形式询问外径大小和表面粗糙度等操作者所需的信息。而且，操作者不需要看图纸，只要输入数字就能简单地制作程序。

▶ 超音波切削人造义齿

DMG 森精机的产品系列中，有一款独具特色的 5 轴 MC "ULTRASONIC 20 linear"。其特色在于能够使用超声波有效地处理陶瓷牙桥（图 2-23，图 2-24）。

其技术要点是将电压元件结合到刀架中。在用研磨工具研磨陶瓷工件时，向电压元件施加 20kHz～50kHz 的高频电压，压电元件因此时而膨胀，时而收缩，导致砂轮工具也随之略微振动。于是，研磨工具和工件之间便时而进行细微接触，时而又不接

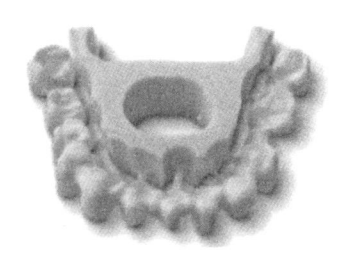

图 2-23 陶瓷牙桥

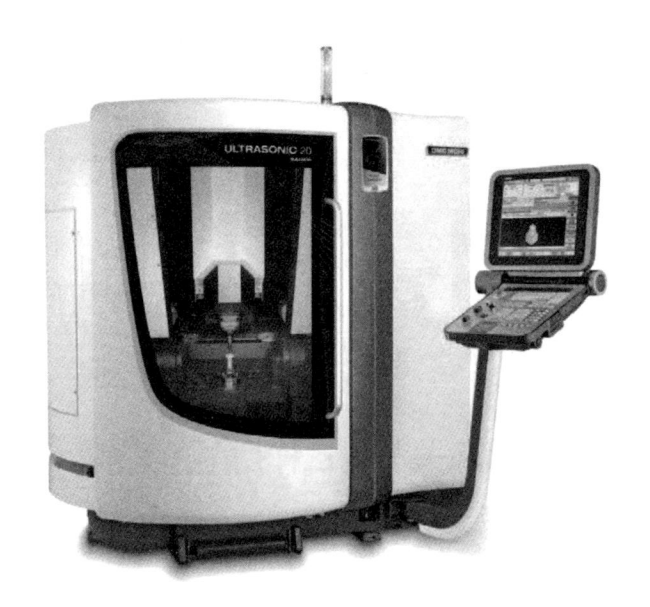

图 2-24 DMG 开发的 5 轴 MC

"ULTRASONIC 20 linear" 在工具上施加超声波的同时进行打磨,可以高效地打磨陶瓷工件,价格约为 3600 万日元(不含税)。

触。这种加工方式减小了磨削阻力和发热量，刀具寿命因此也得到延长，磨削速度也有所提高。此外，由于它有5个轴，因此即使牙桥形状复杂，也可以进行自动化加工。

其他加工方式则通常使用研磨机来进行。但普通研磨机无法处理复杂的形状，因此还需要借助人工才能完成。

专栏 3

人造膝关节是这样切削出来的

让我们看一看人造膝关节连接到股骨时需要用到的"股骨组件"是怎么切削加工出来的（图2-25）。图中显示的是使用中村留精密工业生产的车床复合加工机"Super NTMX"进行切削的情况（图2-

26)。该车床复合加工机的左侧和右侧配备有两个主轴,一个是车床用的,一个是铣削用的。

图 2-25 人造膝关节"股骨组件"

由无钒钛合金制作而成。左边是正面(与类骨侧接触),右边是背面(安装在股骨上)。

图 2-26 中村留精密工业生产的车床复合加工机"Super NTMX"

通过连杆移动的滑动机构提高了刚性。价格在 5000 万日元左右(不含税)。

工件的材料是无钒钛合金。首先，通过车床的主轴把直径为 70mm、长度为 100mm 的圆柱状工件抓紧，把工件外周加工成大致的形状。车削部分的加工不到总加工量的 10%，车削后的铣削加工则占 90% 以上。与正文中介绍的柄部一样，股骨组件的加工也是由粗加工、半精加工和精加工三部分构成。

首先，在粗加工过程中，使用三种类型的立铣刀（直径为 20mm 的可更换刀刃的立铣刀、直径为 12mm 和 8mm 的超硬合金立铣刀）将工件加工成大致形状。旋转速度为 1200rpm，加工时间为 12 小时。

其次，在半精加工过程中，用直径为 8mm 和 4mm 的超硬合金制成的球形立铣刀，以 5000rpm 的转速刮擦工件，加工时间为 5 小时。

最后，使用直径为 1mm~8mm 的超硬合金制成的球形立铣刀，以 10000~12000rpm 的高转速，按照预定的形状和尺寸完成高精度加工。此过程需要 5 个小时。

在花费近22个小时之后,股骨组件的切削加工作业基本完成。所获得的工件的表面粗糙度的Rmax(最大高度)在10μm以内。但在实际使用中,其表面还需要更加光滑。因此,在复合加工机的切削加工工序之后,还有一步抛光工序。抛光工序结束,整个加工才算完成。

第三章
制造业在医疗领域的发展方向

01 发挥制售企业优势，顺利进入医疗器械领域

——三菱日联研究与顾问公司政策研究业务总部、经济社会政策部高级研究员柏野聪彦

一般说来，即使是简单的医疗器械，开发起来也需要 3~5 年的时间。而对于制造业的这些门外汉来说，快速把握临床的现实需求并进入医疗器械市场并不是一件容易的事情。他们在尝试开发新的医疗器械时会遇到很多困难，如如何建立并维护与临床之间的联系、如何准确把握临床的需求、如何设计出满足市场环境的产品、如何应对《药事法》的相关规定、如何确保销售渠道畅通，等等（图 3-1）。对于制造型企业而言，这五个障碍很难跨越。

> ①建立并维护与临床之间的联系
> ②准确把握临床的需求
> ③设计出满足市场的产品
> ④了解《药事法》的相关规定
> ⑤确保销售渠道畅通

图 3-1　进入医疗器械市场的障碍

医疗器械行业对于制造型企业来说是个陌生的领域。他们既不具备临床相关知识，又不了解《药事法》。即使想要尝试利用自己的技术进入医疗器械市场，但如果对商业化市场没有足够的判断，也很难成功。

▶成功案例的共同点

笔者曾参与日本经济产业省主办的医工合作促进计划"应用型医疗器械开发项目"（后更名为"医工合作商业化促进项目"）。在这个项目中，很多制造型企业都积极进行对接，与医疗机构组成财团，以期早日实现商业化。其中有一些进展顺利，有一些则遇到了麻烦。

那些进展顺利的合作项目中，比较引人注意的是由已经获得制造销售许可的医疗器械制造商（制售企业）所主导的合作。此外，不以新医疗器械开发为主题，而以改良现有医疗器械为主题的合作进展得也很顺利。第一年（2010年）就有两个项目在一年的营业期内实现了商业化。而这两个项目中，医疗器械制造商都充分利用制造型企业的技术改良了自己原先的产品。这两个成功的案例表明，只要满足条件，就能在短时间内实现商业化。同时，对于未来想要进行医工合作的企业来说，这两个案例也是一个很好的借鉴。换个角度来说，利用现有医疗器械制造商的相关知识，制造型企业便可以相对有效地克服图3-1所示的这些障碍。

▶制售企业起主导作用

为了提高医工合作商业化的成功率，在建立了由制售公司主导并大力推进的商业化体系后，日本经济产业省还希望拥有相关技术的制造型企业和大学也能参与进来，共同建立起一种模式。笔者将这种模式称之为"由制售公司主导的医工合作模式"（制售驱动模式）。在这种模式下，临床先为制造业提供需求，制造业接收需求后将其作为研发核心，在遵守《药事法》的前提下，以商业化为最终目标开发出所需产品。这种模式将成为未来主流，而制造型企业必将参与其中（图3-2）。

在资金方面，由日本国家和相关机构主导的医工结合和制造支援政策明显扩充，企业可以充分利用。例如，在2013年度的补正预算中有一项总额高达1400亿日元的支援政策，我们适当地活用了这些政策。

同时，我们也一直希望通过某种形式将日本地区经济与医疗器械产业联系起来。其基本结构是：地区行政机关、产业支援机构、日本医工工会等中立机构成为整体的协调者，协助相关人员开展业务。

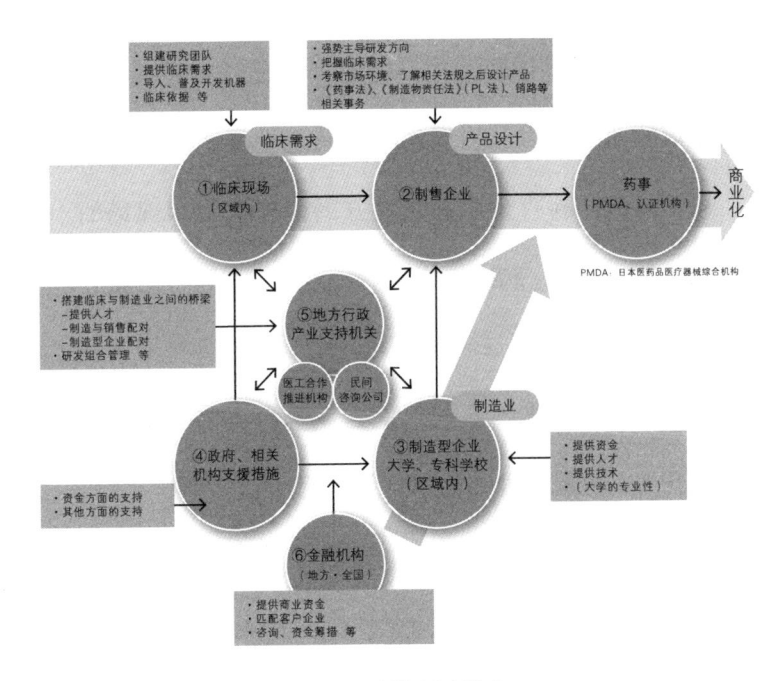

图 3-2 制售驱动模式

制售企业把握临床需求，主导合作，实现商业化。制造型企业凭借技术和产品参与其中。资金来源需灵活利用政府及地方机构的相关支持措施。地方行政机关负责协调临床、医疗器械制造商、制造型企业，以及政府支援机构之间的合作关系。

▶制定明确的出口战略

以往，制造企业和大学会联合收集临床现场的需求，并且以此为基础开发产品。也就是说，"医"

和"工"是直接联系在一起的。但是,从医疗相关知识的角度来看,临床现场和制造企业之间存在差异。因此,制造企业在开发方面往往对临床现场的医生言听计从。然而,一旦企业开展业务时未充分履行《药事法》、未考虑市场环境,就很容易导致功能、构造、成本不匹配等问题。总而言之,很多时候开发是在脱离业务的状态下进行的。

在制售驱动型模型中,制售企业是发展业务的核心。虽然他们在临床知识和技术方面比不上医生,但却拥有丰富的医疗器械销售经验。他们善于洞察自己能制造哪些产品、能销售什么产品、如何通过《药事法》,以及如何获取预期收益,十分了解诊疗报酬的发展方向。也就是说,在医疗器械市场和药事方面,他们掌握着大量的实践知识。因此,只要医生和制售企业之间积极进行交流和讨论,完全可以拟定合适的出口战略和产品规格来开展业务。

制造企业只要在制售驱动型模型中利用好制售

企业来进军医疗器械市场即可。因为有技术，所以对于制售企业所描绘的产品规格的整体情况，制造企业可以和制售企业一起制定规格，最大限度地发挥自己的技术特征和优势。规格制定完成后，制造企业就可以按照标准进行开发、制造了。也就是说，日本的很多制造企业会将本公司的高新技术投入医疗器械的开发，而其不擅长的医疗器械市场预测、应对《药事法》等会交给制售企业代为处理。

▶东京和地方的结合态势越发活跃

到目前为止，医工结合多在日本区域产业振兴政策的框架中进行，但地方的医疗器械制造厂很少。因此，临床现场和制造企业直接结合的案例必然会出现。

事实上，日本制售企业大都集中在日本关东地区，尤其是东京都文京区本乡周边。因此，日本的地区行政机关想要通过医工结合支援政策,将当地的制造企业和临床现场与关东地区,尤其是本乡地区的制售企业相结合。

如今,日本各地的制造企业会在本乡地区开展洽谈会、展览会等一系列活动。我相信,未来这样的活动会越来越多。

02 校园风投公司开发的内窥镜手术机器人

在外科手术中,由于开腹手术对患者造成的身体负担太重,因此近年来,使用外科内窥镜(刚性内窥镜)进行手术的比例正在迅速增加。而微创性治疗的医学趋势,让外科内窥镜手术变得更加普及。在这一背景下,风投公司 Riverfield(位于东京新宿区)于 2014 年上市了一款解决内窥镜手术问题的机器人系统。

Riverfield 成立于 2014 年 5 月 20 日,是由东京工业大学精密工学研究所副教授只野耕太郎和客座教授川岛健嗣(东京医科牙科大学生物材料研究所教授）联合创办的，人称校园风投公司。校园风投公司在成立之前一般都会构建起事业发展战略和知识产权战略，很少接受民间投资，但会在商业化阶段借助民间"商业化推广公司"的帮助，同时利用日本文部科学省发起的大学创新产业创造基地项目（START）来完成商业化进程。

▶特色在于气压驱动

Riverfield 推出的这款气动手术机器人可以使外科医生通过自己的头部动作直观地操作内窥镜进行移动。其工作原理如下：主刀医生头部佩戴陀螺仪传感器，机器人则负责用机械臂抓握内窥镜摄像头。当主刀医生头部上下左右倾斜时，系统便会感应到这些动作，传感给机器臂，带动内窥镜移动，医生便可以看到自己想要的画面（图3-3）。

以往的内窥镜手术中需要配备一名医生助理专

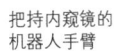

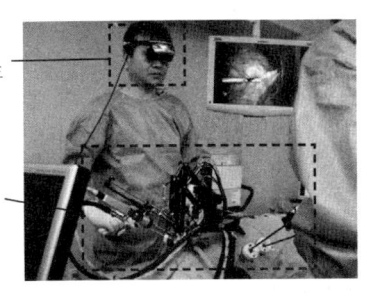

图3-3 能将内窥镜按照主刀医生意愿进行移动的机器人系统

系统通过安装在主刀医生头部的传感器感知医生的意图，同时操作内窥镜同步移动。

门把持内窥镜，根据主刀医生的指示改变内窥镜的位置。但是，这种手术流程往往伴随着内窥镜无法及时按照主刀医生的意愿进行移动，且助理手部抖动会导致画面不清晰等问题。而这款机器人的出现，解决了这些问题。它可以按照主刀医生的意愿来操作内窥镜角度。医生只需移动头部就可以操作内窥镜，大大地解放了外科医生的双手。

很早以前，东京工业大学便开始开发空气感应控制技术，并且试图将其应用到手术机器人上。这款机器人就是这项技术的应用成果，它可以顺利通过气压驱动而非电动驱动的方式来操作机械臂。气压驱动的好处在于，其驱动和控制部件可以做得更小，结构更加简单，同时也降低了成本。

该机器人系统作为一般医疗设备，已经获得日本监管部门的批准。目前，它正在一家大学医院进行临床试验，相关改良型产品也在持续研发中。

一说起内窥镜手术中机器人技术的运用，业内人士最先想到的当属美国 Intuitive Surgical 公司（直观外科手术公司）的手术机器人"da Vinci（达·芬奇）"。但是，"da Vinci"不仅价格昂贵、体型较大，而且只能在某些特定的设备中使用。

03　医疗材料应用实例

——东丽、NTT DOCOMO 共同开发出能监测人体日常心率的衣料

日本东丽公司和日本电信电话公司（NTT）共同开发了一种新的功能型材料"hitoe"。该材料使用了纳米纤维和导电高分子聚合物，制成的布料有一定的弹性。将这种材料贴在内衣上贴身穿戴，可以起到电极的效果，测量心率和心电波形（图3-4）。

"hitoe"的制作工艺是：将一种导电高分子聚合物 PEDOT-PSS（聚3,4-乙烯二氧噻吩-聚苯乙烯磺酸盐）浸入到直径为700nm的超细聚对苯二甲酸乙二醇酯（PET）制成的纤维（PET纳米纤维）中。该材料既能发挥PEDOT-PSS的导电性功能，又具

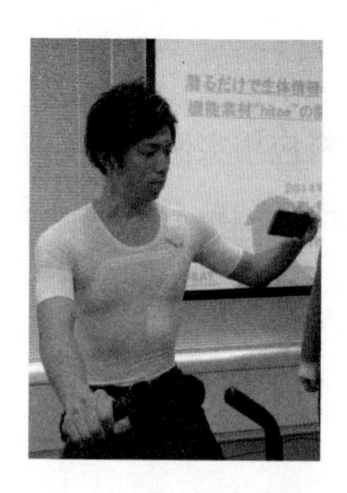

图 3-4 用"hitoe"材料制成的生物特征信息测量服装

此产品由东丽、NTT DOCOMO 共同开发。贴身穿戴，即可测量心率和心电波形。运动时，还可以通过智能手机实时监控相关数据。

有布料应有的适度弹性和柔软性。NTT DOCOMO 于 2014 年底，将"hitoe"制成的生物特征信息测量服装与智能手机相结合，推出了一项新的医疗保健服务。

▶浸入纤维间隙

"hitoe"中采用的 PEDOT-PSS 是一种具有出色

导电性能和稳定结构的材料，通常被应用于液晶显示器和抗静电涂料的导电薄膜中。然而，在普通纤维中添加PEDOT-PSS并没有什么作用。因为一般情况下，服装所采用的PET纤维的直径约在5μm，比PET纳米纤维的直径要粗20倍。即使将导电高分子聚合物涂覆在其表面，一旦清洗衣物，这层导电高分子聚合物也会立即剥落。此外，由于纤维与皮肤是线状接触状态，易导致电阻变大，所以无法确保其拥有足够的导电性。

"hitoe"则将PEDOT-PSS浸渍在了超细PET纳米纤维的间隙中，完美地解决了这些问题（图3-5）。由于超细PET纳米纤维之间的间隙十分狭窄，因此不容易剥落。"将其装入洗涤网、用洗衣机洗，可以洗30多次。用手洗，则即使洗50~60次也依然能保持导电性。"（NTT）

因为"hitoe"是直接接触皮肤的，所以它可以凭借优异的导电性能、以较低的噪音测量心电图。

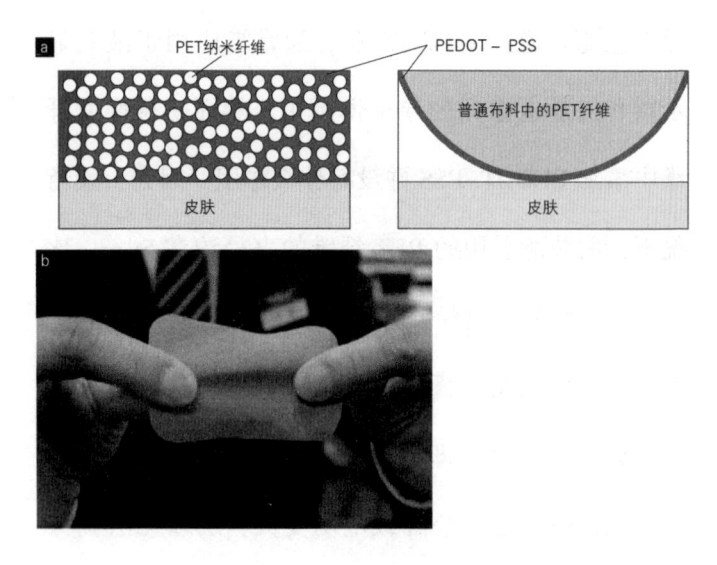

图 3-5 "hitoe"的构造

（a）把导电高分子聚合物 PEDOT-PSS 浸渍在直径为 700nm 左右的 PET 纳米纤维中。PEDOT-PSS 不易剥落，耐久性强。如图 a 右侧显示，如果在直径为 15μm 左右的 PET 纤维表面涂膜，则很容易剥落。而且，此时的 PET 纤维与皮肤是线性接触状态，因此导电性很差。（b）通过反复调整柔软的 PET 纳米纤维和 PEDOT-PSS 的配比，最终制成了柔软且有伸缩性的电极。

柔软的 PET 纳米纤维和 PEDOT-PSS 的组合，使它成为可以附着在衣服上的柔软材料。这款衣物穿戴时没有任何不适感，即使在就寝时也可以持续测量相关信息而不会干扰睡眠。

但是，该产品的耐久性稍显不足。东丽公司在提供保健服务时采取了一些措施，如收集导电率较差的衣服并重新安装新的电极等。

▶边观察，边运动

研究人员在开发"hitoe"时，原计划是将其作为生物特征信息测量服装的电极来使用。

试做出的生物特征信息测量服装样品上，左右胸部位置以及左胸下侧位置贴有方形"hitoe"布块，可以用作电极（图3-6）。它以左胸下侧的参考电位、左胸电位（正极）和右胸电极（负极）的三极机制来测量心跳和心电图波形。考虑到用户的形体差别，"hitoe"的布块尺寸和位置也会有一定偏差。最终，"hitoe"布块的尺寸定在4cm×6cm。

目前，电极是像贴片一样通过熨斗加热后粘在衣物上的。"将来，希望能够在制作服装的同时就将

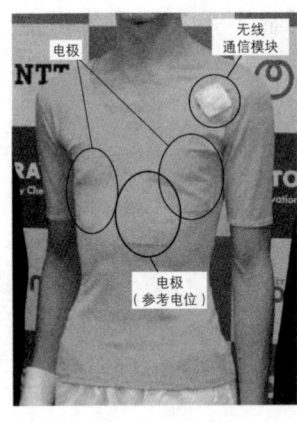

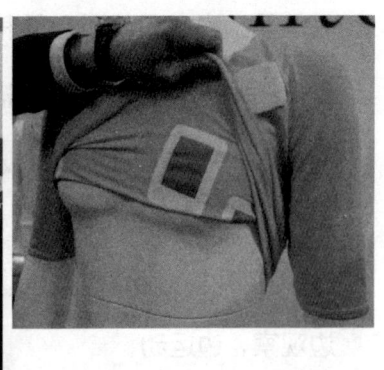

图 3-6　生物特征信息测量服装

在左胸、右胸及左胸下侧分设有三极电位。左肩处安装了一个可以收集、发送数据的无线通信模块。电极是用熨斗加热后贴在衣服里侧的。

'hitoe'布块直接放进去。"（东丽）

同时，在衣服的左肩上缝有一个按钮。该按钮既是收集、传输数据的无线通信模块，也是该连接电极的连接器。两者之间的连接依靠缝制在衣物里的导电纤维来完成。东丽公司对缝纫方法进行研究，最终将导电纤维制作成耐扭曲、耐伸缩的结构。

用户还可以将这款服装当做专用无线通信模块，搭配智能手机一起使用。无线通信模块把接收到的数据通过蓝牙发送到智能手机上，用户就可以一边看着自己的心率和心电图数据，一边进行运动了。此外，用户还可以用手机把自己的相关数据上传到东丽公司的服务器上进行健康管理。

这款产品的未来应用值得期待。例如，健身俱乐部可以用来测量会员的心率和心电波形，家庭内可以用来监控护理设施和被护理者的状态，还可以通过用户脉搏波动情况来把握用户当下的紧张程度，等等。

NTT DOCOMO 和欧姆龙健康医疗公司（位于京都府向日市）共同出资成立了 DOCOMO 健康医疗公司（总部位于东京）。该公司于 2013 年起正式开始向用户提供医疗保健服务。"hitoe"问世后，东丽公司计划扩大其应用领域，为用户提供更多医疗保健服务。

"精益制造"专家委员会

齐二石　天津大学教授（首席专家）

郑　力　清华大学教授（首席专家）

李从东　暨南大学教授（首席专家）

江志斌　上海交通大学教授（首席专家）

关田铁洪（日本）　原日本能率协会技术部部长（首席专家）

蒋维豪（中国台湾）　益友会专家委员会首席专家（首席专家）

李兆华（中国台湾）　知名丰田生产方式专家

鲁建厦　浙江工业大学教授

张顺堂　山东工商大学教授

许映秋　东南大学教授

张新敏　沈阳工业大学教授

蒋国璋　武汉科技大学教授

张绪柱　山东大学教授

李新凯　中国机械工程学会工业工程专业委员会委员

屈　挺　暨南大学教授

肖　燕　重庆理工大学副教授

郭洪飞　暨南大学副教授

毛少华　广汽丰田汽车有限公司部长

金　光	广州汽车集团商贸有限公司高级主任
姜顺龙	中国商用飞机责任有限公司高级工程师
张文进	益友会上海分会会长、奥托立夫精益学院院长
邓红星	工场物流与供应链专家
高金华	益友会湖北分会首席专家、企网联合创始人
葛仙红	益友会宁波分会副会长、博格华纳精益学院院长
赵　勇	益友会胶东分会副会长、派克汉尼芬价值流经理
金　鸣	益友会副会长、上海大众动力总成有限公司高级经理
唐雪萍	益友会苏州分会会长、宜家工业精益专家
康　晓	施耐德电气精益智能制造专家
缪　武	益友会上海分会副会长、益友会/质友会会长

东方出版社

广州标杆精益企业管理有限公司

东方出版社助力中国制造业升级

书　名	ISBN	定　价
精益制造001：5S推进法	978-7-5207-2104-2	52元
精益制造002：生产计划	978-7-5207-2105-9	58元
精益制造003：不良品防止对策	978-7-5060-4204-8	32元
精益制造004：生产管理	978-7-5207-2106-6	58元
精益制造005：生产现场最优分析法	978-7-5060-4260-4	32元
精益制造006：标准时间管理	978-7-5060-4286-4	32元
精益制造007：现场改善	978-7-5060-4267-3	30元
精益制造008：丰田现场的人才培育	978-7-5060-4985-6	30元
精益制造009：库存管理	978-7-5207-2107-3	58元
精益制造010：采购管理	978-7-5060-5277-1	28元
精益制造011：TPM推进法	978-7-5060-5967-1	28元
精益制造012：BOM物料管理	978-7-5060-6013-4	36元
精益制造013：成本管理	978-7-5060-6029-5	30元
精益制造014：物流管理	978-7-5060-6028-8	32元
精益制造015：新工程管理	978-7-5060-6165-0	32元
精益制造016：工厂管理机制	978-7-5060-6289-3	32元
精益制造017：知识设计企业	978-7-5060-6347-0	38元
精益制造018：本田的造型设计哲学	978-7-5060-6520-7	26元
精益制造019：佳能单元式生产系统	978-7-5060-6669-3	36元
精益制造020：丰田可视化管理方式	978-7-5060-6670-9	26元
精益制造021：丰田现场管理方式	978-7-5060-6671-6	32元
精益制造022：零浪费丰田生产方式	978-7-5060-6672-3	36元
精益制造023：畅销品包装设计	978-7-5060-6795-9	36元
精益制造024：丰田细胞式生产	978-7-5060-7537-4	36元
精益制造025：经营者色彩基础	978-7-5060-7658-6	38元
精益制造026：TOC工厂管理	978-7-5060-7851-1	28元

书　　名	ISBN	定　价
精益制造027：工厂心理管理	978-7-5060-7907-5	38元
精益制造028：工匠精神	978-7-5060-8257-0	36元
精益制造029：现场管理	978-7-5060-8666-0	38元
精益制造030：第四次工业革命	978-7-5060-8472-7	36元
精益制造031：TQM全面品质管理	978-7-5060-8932-6	36元
精益制造032：丰田现场完全手册	978-7-5060-8951-7	46元
精益制造033：工厂经营	978-7-5060-8962-3	38元
精益制造034：现场安全管理	978-7-5060-8986-9	42元
精益制造035：工业4.0之3D打印	978-7-5060-8995-1	49.8元
精益制造036：SCM供应链管理系统	978-7-5060-9159-6	38元
精益制造037：成本减半	978-7-5060-9165-7	38元
精益制造038：工业4.0之机器人与智能生产	978-7-5060-9220-3	38元
精益制造039：生产管理系统构建	978-7-5060-9496-2	45元
精益制造040：工厂长的生产现场改革	978-7-5060-9533-4	52元
精益制造041：工厂改善的101个要点	978-7-5060-9534-1	42元
精益制造042：PDCA精进法	978-7-5060-6122-3	42元
精益制造043：PLM产品生命周期管理	978-7-5060-9601-0	48元
精益制造044：读故事洞悉丰田生产方式	978-7-5060-9791-8	58元
精益制造045：零件减半	978-7-5060-9792-5	48元
精益制造046：成为最强工厂	978-7-5060-9793-2	58元
精益制造047：经营的原点	978-7-5060-8504-5	58元
精益制造048：供应链经营入门	978-7-5060-8675-2	42元
精益制造049：工业4.0之数字化车间	978-7-5060-9958-5	58元
精益制造050：流的传承	978-7-5207-0055-9	58元
精益制造051：丰田失败学	978-7-5207-0019-1	58元
精益制造052：微改善	978-7-5207-0050-4	58元
精益制造053：工业4.0之智能工厂	978-7-5207-0263-8	58元
精益制造054：精益现场深速思考法	978-7-5207-0328-4	58元
精益制造055：丰田生产方式的逆袭	978-7-5207-0473-1	58元

书　名	ISBN	定　价
精益制造056：库存管理实践	978-7-5207-0893-7	68元
精益制造057：物流全解	978-7-5207-0892-0	68元
精益制造058：现场改善秒懂秘籍：流动化	978-7-5207-1059-6	68元
精益制造059：现场改善秒懂秘籍：IE七大工具	978-7-5207-1058-9	68元
精益制造060：现场改善秒懂秘籍：准备作业改善	978-7-5207-1082-4	68元
精益制造061：丰田生产方式导入与实践诀窍	978-7-5207-1164-7	68元
精益制造062：智能工厂体系	978-7-5207-1165-4	68元
精益制造063：丰田成本管理	978-7-5207-1507-2	58元
精益制造064：打造最强工厂的48个秘诀	978-7-5207-1544-7	88元
精益制造065、066：丰田生产方式的进化——精益管理的本源（上、下）	978-7-5207-1762-5	136元
精益制造067：智能材料与性能材料	978-7-5207-1872-1	68元
精益制造068：丰田式5W1H思考法	978-7-5207-2082-3	58元
精益制造069：丰田动线管理	978-7-5207-2132-5	58元
精益制造070：模块化设计	978-7-5207-2150-9	58元
精益制造071：提质降本产品开发	978-7-5207-2195-0	58元
精益制造072：这样开发设计世界顶级产品	978-7-5207-2196-7	78元
精益制造073：只做一件也能赚钱的工厂	978-7-5207-2336-7	58元
精益制造074：中小型工厂数字化改造	978-7-5207-2337-4	58元

日本制造业·大师课

手机端阅读，让你和世界制造高手智慧同步

片山和也：
日本超精密加工技术
系统讲解日本世界级精密加工技术
介绍日本典型代工企业

国井良昌：
技术人员晋升·12 讲
成为技术部主管的 12 套必备系统

山崎良兵、野々村洸，等：
AI 工厂：思维、技术·13 讲
学习先进工厂，少走 AI 弯路

高田宪一、近冈裕，等：
日本碳纤材料 CFRP·11 讲
抓住 CFRP，抓住制造业未来 20 年的新机会

中山力、木崎健太郎：
日本产品触觉设计·8 讲
用触觉，刺激购买

高市清治、吉田胜，等：
技术工人快速培养·8 讲
3 套系统，迅速、低成本培育技工

近冈裕、山崎良兵，等：
日本轻量化技术·11 讲
实现产品轻量化的低成本策略

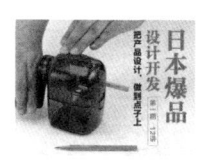

近冈裕、山崎良兵、野々村洸：
日本爆品设计开发·12 讲
把产品设计，做到点子上

近冈裕、山崎良兵、野々村洸：
数字孪生制造：
技术、应用·10讲

创新的零成本试错之路，智能工业化组织的必备技能

吉田胜：
超强机床制造：
市场研究与策略·6讲

机床制造的下一个竞争核心，是提供"智能工厂整体优化承包方案"

吉田胜、近冈裕、中山力，等：
只做一件也能赚钱的工厂

获得属于下一个时代的，及时满足客户需求的能力

吉田胜：
商用智能可穿戴设备：
基础与应用·7讲

将商用可穿戴设备投入生产现场
拥有快速转产能力，应对多变市场需求

吉田胜、山田刚良：
5G智能工厂：
技术与应用·6讲

跟日本头部企业学
5G智能工厂构建

木崎健太郎、中山力：
工厂数据科学家：
DATA SCIENTIST·10讲

从你的企业中找出数据科学家
培养他，用好他

中山力：
增材制造技术：
应用基础·8讲

更快、更好、更灵活
——引爆下一场制造业革命

内容合作、推广加盟
请加主编微信

图字：01-2021-3856 号

Copyright © 2011-2014 Nikkei Business Publications, Inc. All rights reserved.
Originally published in Japan by Nikkei Business Publications, Inc.
Simplified Chinese translation rights arranged with Nikkei Business Publications, Inc.
through Beijing Hanhe Culture Communication Co., Ltd.

图书在版编目（CIP）数据

挤进高利润医疗器械制造业 / 日本日经制造编辑部 著；段宏芳 译. —北京：东方出版社，2021.12
（精益制造；080）
ISBN 978-7-5207-2560-6

Ⅰ.①挤… Ⅱ.①日… ②段… Ⅲ.①医疗器械—制造工业—工业企业管理—研究—日本 Ⅳ.①F431.367

中国版本图书馆 CIP 数据核字（2021）第 240744 号

精益制造 080：挤进高利润医疗器械制造业
(JINGYI ZHIZAO 080: JIJIN GAO LIRUN YILIAO QIXIE ZHIZAOYE)

作　　者：	日本日经制造编辑部
译　　者：	段宏芳
责任编辑：	崔雁行　吕媛媛
责任审校：	曾庆全
出　　版：	东方出版社
发　　行：	人民东方出版传媒有限公司
地　　址：	北京市西城区北三环中路 6 号
邮　　编：	100120
印　　刷：	北京文昌阁彩色印刷有限责任公司
版　　次：	2021 年 12 月第 1 版
印　　次：	2021 年 12 月第 1 次印刷
开　　本：	880 毫米×1230 毫米　1/32
印　　张：	6.625
字　　数：	80 千字
书　　号：	ISBN 978-7-5207-2560-6
定　　价：	58.00 元

发行电话：(010) 85924663　85924644　85924641

版权所有，违者必究

如有印装质量问题，我社负责调换，请拨打电话：(010) 85924602　85924603